重庆市人文社科重点研究基地视觉艺术研究院规划项目——
"设计社会学研究"项目学术成果（项目编号：19ZD09）

四川美术学院2022年智能设计学科群建设项目学术成果

U0747671

"大设计"论丛

DA
SHEJI

丛书主编　李敏敏

黄彦　著

城市隧道照明人眼适应问题研究

中国纺织出版社有限公司

内 容 提 要

科学合理的隧道照明在保障道路安全、提高驾驶舒适度和降低能耗等方面具有重要意义,隧道行车中的明暗视觉适应问题是隧道照明工程研究的关键问题。

本书以隧道各分段照明为研究对象,重点关注影响整体能耗与适应水平的过渡段照明,通过实验与实践结合的方法,探究契合最佳视觉功效的人眼适应状态变化规律,提出合理的隧道照明分段设计及计算方法。

本书既可作为研究隧道照明理论的参考资料,也可作为工程师、设计师及高校师生研学隧道照明应用知识的工具书籍。

图书在版编目（CIP）数据

城市隧道照明人眼适应问题研究 / 黄彦著. -- 北京:中国纺织出版社有限公司,2023.7
("大设计"论丛 / 李敏敏主编)
ISBN 978-7-5229-0640-9

Ⅰ. ①城… Ⅱ. ①黄… Ⅲ. ①城市隧道－照明－研究②眼－人体生理学－研究 Ⅳ. ①U453.7 ②R339.14

中国国家版本馆 CIP 数据核字（2023）第 097690 号

CHENGSHI SUIDAO ZHAOMING RENYAN SHIYING WENTI YANJIU

责任编辑：华长印　朱昭霖　　责任校对：楼旭红
责任印制：王艳丽

中国纺织出版社有限公司出版发行
地址：北京市朝阳区百子湾东里 A407 号楼　邮政编码：100124
销售电话：010—67004422　传真：010—87155801
http://www.c-textilep.com
中国纺织出版社天猫旗舰店
官方微博 http://weibo.com/2119887771
北京华联印刷有限公司印刷　各地新华书店经销
2023 年 7 月第 1 版第 1 次印刷
开本：710×1000　1/16　印张：9.5
字数：149 千字　定价：98.00 元

凡购本书,如有缺页、倒页、脱页,由本社图书营销中心调换

引言
PREFACE

隧道照明中最亟待解决的问题即视觉适应问题，相对于道路照明来说，隧道结构比较特殊，是一种两侧和顶部封闭的空间，因此在白昼，机动车驾驶员接近或者进入隧道，会产生相应的视觉状态的变化，即视觉暗适应过程，这是影响隧道照明行车安全的最重要因素。

从接近隧道到进入洞口，人眼经历了从洞外亮度到入口段亮度的暗适应过程，以洞外亮度为基准，采用科学的计算方法获得入口段照明亮度 L_{th} 是保障和维持机动车驾驶员视觉功效的关键因素，这也是通过人工照明的方法提升视觉适应水平的过程。

隧道照明过渡段是衔接隧道入口段直至中间段（隧道一般照明段）的组成部分，与从洞外到入口段环境亮度的剧烈变化不同，过渡段是车辆在完全进入隧道后，承担驾驶员暗适应视觉过渡功能的分段。隧道照明设计中，在入口段照明水平确定的条件下，过渡段的亮度变化及相关指标的确定，会影响隧道中间段（光源用量一般最大）照明设计及计算，是与隧道交通的视觉功效水平、舒适度及整体的照明节能密切相关的重要因素。本书主要以隧道照明过渡段为研究对象，探究城市隧道照明条件下驾驶员的适应状态，获得适应条件下各参数变量之间的关系，为隧道照明工程建设实践提供参考和指导。

现行隧道照明设计规范中，隧道过渡段亮度 L_{tr} 是基于 CIE 推荐的经典的暗适应曲线进行计算的，而视觉暗适应曲线一般是利用暗适应计等医学测试仪器，在变化的照明环境中，通过考察被试者在正确感知、识别特定观察对象时的环境照明强度获得。交通照明主要关注的是各种条件下的视觉功效，在已有的道路、隧道照明研究当中，反应时间法已被证明是一种成熟、可靠的视觉功效实验方法。本书研究采用改进的反应时间实验方法，加入视觉适应变化的条件，测定符合隧道照明适应模式的反应时间水平，通过分析获得以最佳视觉功效为前提的人眼适应状态变化规律，是对以暗适应曲线为基础的计算方法的修正和补充。

隧道照明亮度是影响视觉适应水平的主导因素，考虑隧道照明工程实践中灯具光源的使用情况，在本书研究中采用了已经被广泛应用的视觉显示终端模拟测试方法，利用计算机编程的方式，实现光度、色度参数在视觉终端输出的可控性，其中视觉功效仍采用符合道路交通照明功能需求的反应时间来进行评价，主要考察不同色温对视觉适应状态的影响。研究首次在程序中加入模拟动态变化，使测定结果更符合隧道驾驶的视觉特点，同时，利用计算机模拟实验所获得的视觉功效数据对实验室测试结果进行检验，证明了测试结果的科学性和可信度。

研究同时考虑了 Cirtopic 视觉条件对视觉适应影响，亮度水平决定了瞳孔大小，而 Cirtopic 视觉的光谱响应通过生物节律效应影响着瞳孔变化水平，对视觉功效的影响也是显著的。基于非视觉效应研究理论，通过对隧道照明人眼的瞳孔尺寸测定，获得在视觉适应状态下，不同光源瞳孔与亮度水平的变化关系模型，可以方便地计算出隧道内部照明各分段中人眼瞳孔尺寸的变化，也可以作为隧道照明光源、色温选择及视觉适应状态的评价依据。

本书最后通过分析在城市隧道复杂照明环境行车时驾驶员的视觉特点，除隧道两端（出入口段）外，针对影响隧道内部视觉过渡及照明节能等因素的过渡段照明，结合对影响视觉适应主要因素的研究建立关系模型，提出合理的隧道照明过渡设计及视觉适应计算方法，也可以进一步确定隧道内部中间段、出口段的照明设计指标及区段划分方法，在优化视觉功能需求的前提下，降低隧道照明能耗，对隧道照明工程建设具有良好的实用价值。

本书研究的创新之处主要在于以下几个方面。

第一，以视觉功效法为基础，引入以亮度适应为条件的实验研究方法，针对目前国家标准中以 CIE 标准暗适应曲线为基础的设计方法提出补充和修正，并提出基于不同照明光源的理论计算模型及相关参数修正。

第二，考虑非视觉效应对隧道照明视觉适应的影响，引入对人眼瞳孔数据的测定，利用视觉功效法获得适应条件下，Cirtopic 视觉效应与视觉适应水平（亮度）的关系模型。

第三，采用了实验室实测与动态计算机终端视觉评价相结合的方法，获得了色温与视觉适应水平、亮度与反应时间的计算模型，提出科学的隧道内部人工照明计算方法。

黄彦

2023 年 4 月 13 日

目录
CONTENTS

第一章

绪论

第一节　隧道照明视觉适应问题研究背景及意义

我国幅员辽阔，存在多样的地理地貌环境。据统计，中国的山地丘陵约占全国土地总面积的 43%，其中山地面积大约占全国面积的 33.45%，高原占 26%，盆地占 19%，平原占 12%，即山区的总面积约占全国土地总面积的 2/3 以上。由于公路隧道具有缩短里程、节省时间、提高交通运输效率、节省用地和保护生态环境等优点，在我国众多的山区公路建设中被广泛采用。截至 2021 年，全国公路里程达 528 万公里，其中高速路接近 15 万公里，未来随着道路运输建设的全面推进，特别是我国西部以山地丘陵地貌为主的区域，将有大规模的隧道建设需求。

随着公路隧道建设的规模越来越大，数量越来越多，隧道的运营电耗和维护费用也越来越高，隧道内部行车效率及交通安全问题也越来越突出，如何更有效地降低能耗与满足行车安全，是隧道照明应当关注的问题，处理不好将影响公路建设的可持续发展。

一、研究背景

基于视觉对象、环境入射到眼睛的光量以及光谱组成等因素的变化，人眼的视觉感受性发生的改变就是人眼的适应问题。当人从明亮处走到黑暗处，会产生一个"原来看得清—突然变为看不清—经过一段时间才由看不清逐渐到又看得清"的变化过程，此过程称为暗适应；反之从暗到明的适应变化过程，则称为明适应。

人眼的适应问题是隧道照明中与视觉功效相关的主要问题，隧道照明不同于一般道路照明，其构造比较特殊，它的两侧和顶部是封闭的，因此会产生隧道特有的人眼明适应和暗适应现象。

在白昼，特别是晴天的情况下，刚接近长隧道时，驾驶员视野范围内看到的是较暗的洞口，即所谓"黑洞"现象；如果隧道较短，出入口视线通畅，则会产生"黑框"现象。由于洞外亮度很大，车进入隧道后，人眼需要一定的适应时间进行调节，即产生"适应的滞后现象"；车辆从洞内驶出隧道时，会出现较亮的洞口，也就是"亮洞"现象，此时因为眩光的影响而降低视觉可见度，产生隧道内部细节和障碍物情况无法被正确识别的情况，这些都是隧道照明中与人眼适应相关的现象，会对视觉生理和心理产生不同程度的影响，从而决定了驾驶员的视觉功效水平。

隧道行车所产生的视觉适应现象中，暗适应是最突出的问题。当车辆行驶至隧道洞口附近时，因环境亮度快速、大幅度的变化而进入暗适应过程，此时机动车驾驶员往往会因适应时间不足导致适应水平低下，影响可见度水平，此时往往只能采取制动降低车速的措施，这也是隧道入口处比较容易产生碰撞、追尾等交通事故的原因。

我国现行行业标准《公路隧道照明设计细则》（JTG/T D70/2–01–2014）中规定，长度大于 200m 的高速和一级公路隧道、长度大于 100m 小于或等于 200m 的高速和一级公路光学长隧道及长度大于 1000m 的二级公路隧道均应设置人工照明。隧道人工照明系统被分成了入口段、过渡段、中间段及出口段四个分段，入口段亮度的确定是由科学的洞口亮度计算方法获得的，相比采用恒定的亮度指标设计，隧道内部照明水平以入口段亮度为基础，按视觉适应的变化规律而逐渐变化更为科学合理，这是最大程度保持视觉功效水平的理想状态，是人眼适应对亮度刺激的"按需分配"，同时符合降低能耗的要求。在实际隧道照明建设中，实现逐步变化的亮度过渡较难，对于长隧道的中间段，汽车废气会形成烟雾，影响驾驶员视野的可见度。不同的隧道饰面材料不同，光反射条件也不同，导致隧道内部设计光度水平的不确定性。同时，照明水平还受到隧道长度、设计车速及照明设备等诸多客观因素的限制，所以，目前国内外隧道设计规范中，一般是以不同的隧道照明分段来承担相应的视觉作业功能，综合考虑了工程施工的可实现性。

对于完全进入隧道后的车辆来说，过渡段的视觉作业与隧道内部照明水平变化产生的适应问题密切相关，直接影响了隧道整体的照明指标水平及电耗，其定义是在完全进入隧道后，由亮度相对较高的入口段过渡到亮度相对较低的中间段的隧道分段，亮度变化的过程是为了使驾驶员有足够的时间适应中间段的低照明水平。更准确地说，是为了避免由于适应的时间不足而引起可见度和舒适度的降低，提升视觉可见度，减少交通事故率。

随着国家高速公路全面建设的开展，国家高速公路网规划总里程约16.2 万公里，未来建设改造需求约 5.8 万公里，而其中 70% 的新建高速公路将在西部和中西部地区建设，这些地区经济相对落后、地理条件恶劣（山林重丘）、建成后的高速公路短期内交通量小。以重庆地区为例，规划至 2023 年高速公路总里程达 7068 公里，桥梁和隧道里程约占 50%。初步计算这些隧道投入运行后，每年仅用于照明的电费将高于 2 亿元。由于隧道照明主要解决白天交通视觉功能问题，晚上也需要与道路照明衔接，照明系统运作时间几乎是全天候的，电能消耗已经成为隧道运营成本中的主要部分。

自我国"十一五"规划纲要提出节能减排目标后，关于交通运输节能的文件和纲领陆续出台，国家《节约能源法》《公路水路交通节能中长期规划纲要》《公路水路交通运输节能减排"十二五"规划》中明确提出需要通过加快推进交通运输结构调整，提升交通运输系统整体节能减排水平。道路交通建设选择采用隧道工程，本身就是节约资源、保护生态环境的措施，隧道照明中过渡段照明对隧道电能消耗有重要影响，其照明质量的好坏对隧道交通安全也有不可忽略的作用。因此，针对隧道洞内人工照明的视觉适应问题研究，是当前我国交通运输隧道建设和运营管理的一项重大课题。

二、研究意义

在《公路隧道照明设计细则》中，中间段的亮度是根据设计车速通过查表法获得的推荐值，因入口段亮度 L_{th} 的计算以洞外亮度为参照，若在入口段与中间段亮度确定的情况下，过渡段照明水平则需参照 CIE 暗适应曲线，以 L_{th} 为基础逐渐降低至中间段亮度 L_{in}，过渡段长度是根据设计车速与亮度变化所需要的适应时间确定，而不同类别隧道的总长则是各照明分段的基础条件。若隧道过短，从 L_{th} 过渡到 L_{in} 的行车时间（适应时间）相应减少，则可能无法满足视觉适应要求，影响视觉舒适度。此外，在隧道照明建设过程中一般只考虑了亮度的影响，并没有进一步分析和研究光色、非视觉效应等因素对实际适应水平的影响，导致采用不合理光色及配光的光源和照明设计方法，产生更大的能源浪费，影响驾驶者视觉舒适度。因此，充分考虑现实中参与人眼适应过程的各种因素（光色、亮度分布、光色均匀度等），并利用最新的隧道视觉功能研究理论（察觉对比法、反应时间法等），结合实际研究隧道人眼适应情况是必要的，能够弥补和完善现行相关标准规范仅采用照度、亮度等生理指标来评价隧道照明的不足，为隧道照明诸如光源选择、灯具安装分布等方面提供更多更详细的建议和指导，使隧道照明设计变得更加科学、可靠，实现隧道照明节能与安全的完美结合。此外，理论的研究和隧道照明技术上的创新也将会影响和带动公路隧道照明设计的进步，产生更大的社会经济效益。综合来说，具有较强的学术意义和实用意义。

第二节 国内外相关研究现状

一、关于隧道照明视觉适应的研究现状

国外对隧道照明的研究开展较早，早在 20 世纪 60 年代，意大利等国就开始在隧道照明中按交通流量对照明进行测试 ❶。施罗伊德（Schreuder）在 20 世纪 60 年代初进行了隧道的基础实验研究，他创建了隧道实验模型，利用 1° 视场角的方形区域作为背景，在模型中进行了小目标的察觉概率实验，通过结果描述了模拟洞外亮度与目标物背景亮度的关系。日本学者中道（Nakamichi）与成贞（Narisada）等人，通过研究得出了观察者视看洞口时间与察觉目标背景亮度的关系 ❷，中道和成贞的研究采用了动态模拟过程，即在观测者眼中隧道入口和目标物的尺度会随着观察时间的流逝逐渐变大，施罗伊德与成贞的研究实验方法相似，但因所选择的实验参数不同，造成了结论的差异，最后 CIE 选择以施罗伊德的研究结果作为推荐标准的依据，而日本学者的研究成果被应用于日本早期隧道照明规范当中 ❸。

基于施罗伊德、中道和成贞等人的基础研究成果，国际照明委员会 CIE1973 年出版了 26 号出版物《隧道照明国际建议》❹，这份报告中说明了一个关键的推断结论：在确定接近隧道的驾驶员眼睛的适应性时，他之前的"照明史"扮演了一个最重要的角色。但是，在后来的研究中发现，驾驶员"照明史"的影响并没有先前设想得那么大，考虑到心理学的研究成果，研究者们认为要求的隧道入口段的亮度应该由驾驶员在隧道前的"安全停车距离"处得到的经验值决定。

由于 CIE1973 年的 26 号文件主要源于实际经验，没有对所有隧道照明问题给出满意的答案，因此由 CIE 直接任命的研究小组，在 1984 年 61 号出版物《隧道入口段照明——对确定隧道入口段亮度的基础性研究》中，讨论了与隧道入口段亮度基本原则直接相关的情况，但尚未包括与隧道照

---

❶ 宋白桦,李鸿,贺科学. 公路隧道照明的研究现状和发展趋势 [J]. 湖南交通科技,2005(1):96–98.

❷ CIE Technical Report. 61–1984.Tunnel Entrance Lighting : A Survey of Fundamentals for Determing the Luminance in the Threshold Zone, 1984.

❸ 照明学会 . 照明手册 [M]. 李农,杨燕,译 . 北京:科学出版社,2005.

❹ CIE Publication. NO.26. International Recommendations foe Tunnel Lighting, 1973.

明有关的其他重要问题 ❶。例如，隧道其他部分的基础照明（包括过渡段）、设计程序、计算方法、照明设备、照明控制以及照明装置的维护。在这篇报告中，根据众多因素考虑了入口段照明要求的变化，如驾驶员的视觉环境、天气环境、道路和交通情况、驾驶习惯、汽车的构造和性能等，肯定了施罗伊德等人进行的基础实验的有效性，并在真实的隧道中进行了驾驶实验，为后来的隧道照明研究打好了基础，同时表明了隧道照明计算以洞外亮度的确定为基础。

以 1984 年 61 号出版物为基础，CIE 修订和出版了新的文件：国际照明委员会技术报告 88–1990《道路隧道及地下通道照明指南》。这个指南为永久国际道路委员会（PIARC）的工作奠定了基础，给出了隧道照明的基本原则和照明设施的有效光度学建议值 ❷，并介绍了阿德里安（Adrian）等人提出的等效光幕亮度 L_{seq} 表达入口段亮度的计算方法 ❸，通过研究驾驶员在接近隧道过程中的视觉变化状态，推荐按照目标对比度 C 及驾驶员主观评价（SRN，Subjective Rating Number）确定入口段亮度与等效光幕亮度关系的方法。

指南文件中特别提到隧道照明的目的是解决洞内外亮度差而带来的视觉适应问题，也就是日间照明（白天照明）的情况，这和驾驶员视觉减弱所经历的行车距离密切相关，由于视觉的渐变性，隧道内部照明被划分为 4 段式分布（图 1–1）。接近段主要考虑洞外各要素对驾驶员洞内视看的影响，从洞外接近隧道，即开始了视觉适应的过程，照明应提供具有安全刹车距离的功能性要求；隧道过渡段照明的目的则是在车辆进入隧道后给驾驶员提供相应的亮度变化即适应时间，以提高视觉可见度水平，同时最大程度地提升舒适度，主要关注的参数包括适应亮度、对比度与行车速度及停车距离等。

在 88 号报告出版的数年后，随着实验研究成果和工程实践经验的不断更新和发展，CIE 在 2004 年确定在 88 号报告及 61 号出版物的研究基础上修订最新的《公路隧道和地下通道照明指南》，报告中 1990 版本的基本内容依然有效，主要修订了光幕亮度的计算方法。

---

❶ CIE Technical Report. 61–1984.Tunnel Entrance Lighting : A Survey of Fundamentals for Determing the Luminance in the Threshold Zone, 1984.

❷ CIE Technical Report. 88–1990. Guide for the Lighting of Road Tunnels and Underpasses, 1990.

❸ Adrian W K. Adaptation luminance when approching a tunnel in daytime[J]. Lighting Research & technology,1987, 19(3):73–79.

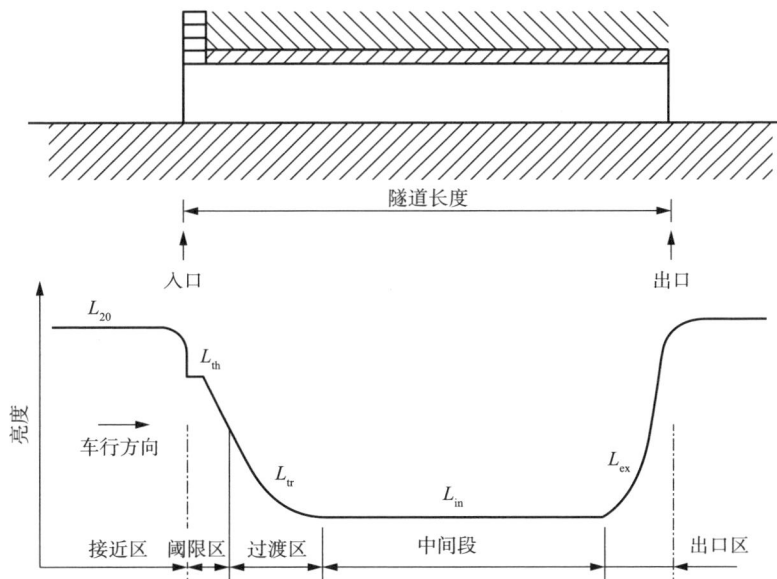

图 1-1　单向隧道的典型长度划分 ❶

　　布尔迪（Bourdy）❷ 等人通过相关实验，提出短暂适应在实际工程中产生的重要影响，也说明了从洞外高亮度环境至刚进入隧道后的照明是关键。从 20 世纪 60 年代至 21 世纪初期，关于隧道照明的研究主要来源于欧洲、日本、美国的理论和方法，研究焦点和内容聚焦于洞外及入口段亮度的确定，日本高速公路公司在 20 世纪 60 年代出版的《机动车隧道照明推荐》中采用了成定康平的入口段计算理论 ❸，但在 1984 年，成定康平宣布放弃自己的"注视点"学说。阿德里安 ❹、成贞 ❺、奥克达尔（Augdal）❻ 及布拉塞尔（Blaser）❼ 等人以"接近—进入"隧道过程人眼视觉特性为研究对象，利用不同的实验测试方法获得了相应的研究结果，并分别被各种标准联盟及国

❶ CIE Technical Report. 88-1990. Guide for the Lighting of Road Tunnels and Underpasses , 1990.

❷ Bourdy C, Chiron A, Cottin C, et al. Visibility at a tunnel entrance: effect of temporal adaptation[J]. Lighting Research & Technology,1978,19(2):35-44.

❸ 同 ❷.

❹ Adrian W.Investigations on the required luminance in tunnel entrances[J].Lighting Research & Technology, 1982,14(3):151-159.

❺ Narisada K, Yoshikawa K, Yoshimura Y. Adaptation luminance of driver's eye approaching a tunnel entrance in daytime[C]//Kyoto:CIE 19th Session,1979.

❻ Augdal A. Equivalent veiling luminance:Different mathematical approach to calculation[J]. Lighting Rererach & Technology, 1990,23(1):91-93.

❼ Blaser P,Dudli H. Tunnel lighting:Method of calculating luminance of access zone L20[J]. Lighting Rererach & Technology,1993,25(1):25-30.

家专业委员会用于隧道照明的设计标准中，如欧盟隧道照明标准 CR 14380：2003 E 分别推荐了采用洞外 20° 视场亮度法、光幕亮度法及法国所采用的空间和适应法，此标准中推荐的考虑交通状况的 L_{20} 方法也被英国隧道照明设计规范采用。

我国隧道照明方面的研究虽然起步较晚，但近年来随着国内高速路网建设的飞速发展，新工程技术以及桥涵、隧道设计新方法的出现，对照明应用提出了新的课题研究要求，我国也有较多研究机构、高校及工程单位不断加大对道路及隧道照明应用研究的投入，大部分研究成果也是关于隧道进出口照明指标的计算及人眼视觉功效的研究。

在国内外现有隧道照明研究成果中，对于过渡段（CIE 26 号文件也称隧道第二段）的研究较少单独进行说明，多数研究文献及学术报告中，对过渡段的定义标准不同，但基本是作为入口段亮度 L_{th} 的延伸，是衔接入口段与洞内一般段照明环境的过渡，从洞外进入隧道入口段的短暂适应被看作是影响隧道行车安全的关键，也是基于激烈环境亮度变化的视觉适应过程，而过渡段则是利用人工照明的变化进一步提升适应水平，提高视觉功效和舒适性的隧道分段。如日本隧道照明标准 JIS Z 9116–1990[1] 中，就明确了入口段亮度的折减计算方法，实际上是包括了 CIE 定义的入口段及过渡段，但长度和划分因与日本学派的实验理论方法不同而有所差异。

在 1990 年及 2004 年版本的 CIE 报告中，对隧道照明过渡段的亮度变化评估基本没有变化，均认为其亮度应是一个逐渐变化的过程，这也与报告中对过渡段亮度定义相吻合（图 1–2）[2]。

图 1–2 中亮度的变化由入口段末端亮度 L_{th} 为起始，考虑模拟曲线与实际的部分差异是在可接收的范围之内，所有的亮度过渡均可以用一系列恒定的亮度梯度变化来近似代替，梯度间最大容许的亮度减小比例为 3∶1。关于过渡段末尾亮度的定义，在 1990 年版提出在曲线的应用中，当亮度为中间段亮度三倍时，即达到过渡段的末尾；而在 2004 年版报告中则定义阶梯形亮度变化的最后一阶亮度不应大于中间段亮度的 2 倍，且为了获得更高的舒适度，在参照 CIE 适应曲线的阶梯变化末尾应当再延长 1~2s 的适应时间，也就是如果在同等的时间下，过渡段末端亮度与中间段亮度差还应更小，降低比例的变化应该是与照明技术、隧道性质及视觉研究理论的更

[1] Japanese Standards Association. JIS Z 9116–1990 Light of Tunnels for Motorized Traffic[S]. Japanese Standards Association, 1991.
[2] CIE Technical Report. 88–2004. Guide for the Lighting of Road Tunnels and Underpasses, 2004.

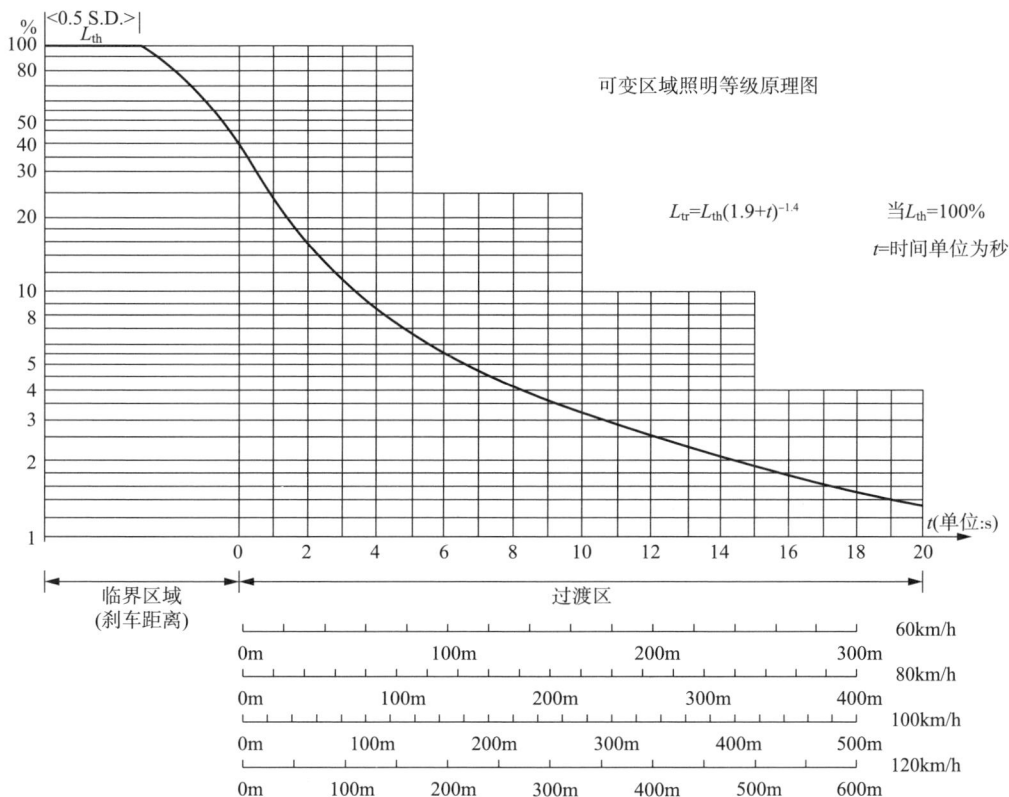

图 1-2 隧道照明过渡段亮度变化曲线 ❶

新有关。

值得注意的是，在 1990 版报告中提到曲线数据的偏差值大小目前还无法确定，说明当时还无法获知曲线计算是否能够精确地评估与实际情况的差异，而在最新版本的报告中并未就这些问题给出具体的解决办法或内容描述。

在 20 世纪 90 年代初期，国内隧道照明建设主要参照《公路隧道设计规范》（JTJ 026—90）进行，规范仅给出了包括过渡段在内各照明区段的长度和最低亮度，且对于过渡亮度仅根据设计车速推荐了亮度的范围，没有梯度变化（表 1-1）。

<hr>

❶ CIE Technical Report. 88–2004.Guide for the Lighting of Road Tunnels and Underpasses, 2004.

表 1-1 隧道内各照明区段长度及路面最低亮度 ❶

设计车速 （km/h）	引入段		适应段		过渡段	
	距离 （m）	亮度 （cd/m²）	距离 （m）	亮度 （cd/m²）	距离 （m）	亮度 （cd/m²）
80	40	80	40	80 ~ 46	40	4.6 ~ 4.5
60	25	50	30	46 ~ 30	30	4.5 ~ 2.3
40	15	30	20	30 ~ 20	20	2.3 ~ 1.5
20 及以下	—	1.0	—	1.0	—	1.0

随着对更加准确、标准化设计规范的迫切需求，1999 年，在国内目前已有的研究基础上，通过再次对已建或新建公路隧道的全国性踏勘调研，借鉴国外公路隧道的成功经验和先进技术，我国颁布了《公路隧道通风照明设计规范》（JTJ 026.1—1999），其中包括照明系统构成、洞外亮度计算等方面的内容。2014 年，我国颁布实施了《公路隧道照明设计细则》（JTG/T D70/2-01-2004），主要针对隧道设置照明条件、隧道划分和标准取值方面做了优化调整，提出了符合隧道视觉特点的节能设计方法，其中针对隧道过渡段的亮度取值相较于 JTJ 026.1—1999 有所下降，如表 1-2 所示 ❷，参照了 CIE 技术报告推荐的分段方法，除洞外接近段，隧道内部划分为入口段、过渡段、中间段及出口段，图 1-3 为国内某高速公路分段示意。

表 1-2 隧道过渡段亮度 ❸

照明段	TR₁	TR₂	TR₃
亮度	$L_{tr1} = 0.15L_{th}$	$L_{tr2} = 0.05L_{th}$	$L_{tr3} = 0.02L_{th}$

规范中过渡段亮度定义完全借鉴 CIE 适应曲线的理论方法，且因曲线本身就有一定的偏差，还不包括其测试环境和采样个体的差异，能否完全满足和符合我国国情的实际使用需求，目前还没有相关的研究成果和测试报告。

❶ 中华人民共和国国家标准.公路隧道设计规范(JTJ 026—90)[s].中华人民共和国交通部.
❷ 徐之毅.正常眼暗适应曲线 [J].眼科研究,1984(3)：152-153.
❸ 中华人民共和国行业推荐性标准.公路隧道照明设计细则(JTG/T D70/2-01-2014)[S].中华人民共和国交通部.

图 1-3　沪渝高速 1023m 猪草湾隧道分段及照明光源示意

二、基于人眼适应的隧道照明计算方法相关研究现状

隧道入口段及过渡段照明研究的关键问题即人眼适应问题，是为了解决驾驶员适应滞后视觉现象所造成的影响。CIE 先后出版的各种技术报告及出版文件中，也都比较集中地对"接近隧道—进入隧道"阶段各指标的确定方法进行了深入研究，包括洞外、入口段亮度的计算方法等。隧道照明基本可以定义为一种需要进行阶段性调光或者符合相应视觉变化的设计手段，洞外亮度则作为过渡段及其他照明分段的计算基础，也是基于人眼适应的隧道照明环境亮度水平的确定依据。入口段作为隧道的起始段，需解决激烈环境亮度变化条件下的人眼短暂适应问题，也是缓解因进入隧道产生的视觉适应问题的重要人工照明段，亮度的计算研究也都是通过模拟测试人眼适应状态，以洞外亮度为基础，获得照明指标对视觉功效水平的影响。

施罗伊德与成贞等在针对入口段照明的实验研究中，模拟完全适应洞外亮度 L_1 后到入口段亮度 L_2 出现的视觉条件，并以察觉阈限衡量视觉功效，CIE 早期隧道照明适应研究均是以此种模拟测试方法为基础进行的。CIE88 号出版物中，推荐了以施罗伊德研究成果为依据的 K 值法作为入口段亮度的计算方法，其中系数 K 是洞外接近段亮度与入口段亮度的比值，入口段亮度的确定同样作为过渡段照明计算亮度水平的基础：

$$K = L_{th} / L_{20}(S) \qquad (1-1)$$

式中：K——入口段亮度折减系数；

　　　L_{th}——入口段亮度（cd/m²）；

　　　$L_{20}(S)$——洞外亮度（cd/m²）。

表 1-3 为各个国际学术团体及不同国家采用的 K 值，从表中可以看出，各国家团体选取采用的 K 值有明显的差异，K 值的确定标准在国际上并没有达成有效的共识。

表1-3　国际学术团体及国家采用的 K 值 [1]

国家及学术团体	交通量			车速（km/h）	停车视距 D_s（m）	K
	AADT（辆/d）	N（辆/小时）				
		单向交通	双向交通			
PIARC（永久国际道路委员会）（1987）					100	0.06
CIE（国际照明委员会）TC4-08（1990）					100	0.06
					60	0.05
NDG road tunnels（挪威公路隧道设计准则）（1990）	4000~8000					0.05
	2000～4000			80		0.05
				50		0.025
	＜2000			80		0.03
				50		0.015
BS（英国标准学会）5489/7（1992）				80		0.06
				50～70		0.05
CNBE（比利时照明全国委员会）（1997）					100	0.06
					60	0.05
EURO STD（欧盟隧道照明标准）（1997）		≥2400	≥1300		100	0.05
					60	0.035
		≤700	≤360		100	0.025
					60	0.015
日本隧道照明指南（1990）					80	0.02
					60	0.015

　　由式（1-1）可知，K 值法是以洞外亮度 L_{20} 乘以系数 K 来确定入口段亮度的，所以洞外亮度的确定是 K 值法计算的关键，L_{20} 测算方法主要包括查表法、黑度法、数码相机测试及环境简图法。

　　查表法在 CIE 88 号出版物、英国国家标准（BS 5489/7 1992）[2] 及欧盟

---

❶ 中华人民共和国行业推荐性标准.公路隧道照明设计细则(JTG/T D70/2-01-2014)[S].中华人民共和国交通部.

❷ BSI. Code of Practice for the Design of Road Lighting – Part2:Lighting of Tunnels[S].London.UK, 2008.

隧道照明标准（CR 14380：2003 E）[1] 中均有推荐，即在一个安全停车距离处视看隧道洞口，根据 20° 视野范围内的天空面积百分比值、洞口朝向或洞外环境、车速等查取洞外亮度值，我国现行隧道照明设计规范也推荐了查表法，在隧道设计阶段若缺少实测资料，则可按表 1-4 取值。

表 1-4　洞外亮度 L_{20} (S) (cd/m²) [2]

天空面积百分比	洞口朝向或洞外环境	设计速度 V_t (km/h)				
		20~40	60	80	100	120
35%~50%	南洞口	*	*	4000	4500	5000
	北洞口	*	*	5500	6000	6500
25%	南洞口	3000	3500	4000	4500	5000
	北洞口	3500	4000	5000	5500	6000
10%	暗环境	2000	2500	3000	3500	4000
	亮环境	3000	3500	4000	4500	5000
0	暗环境	1500	2000	2500	3000	3500
	亮环境	2500	2500	3000	3500	4000

* 资料中未给出的值。

重庆交通科研设计院对国内多条隧道洞外亮度进行了实地测量[3]，针对不同洞口朝向及洞外环境状况进行了划分，其中东西向洞口实测结果与表 1-4 中推荐值存在较大差异。

《公路隧道照明设计细则》条文 4.2.2 中推荐了黑度法作为洞外亮度的建议实测方法，实测时，在接近段起点（当设计车速为 80km/h 时距洞口100m），距地面 1.5m 高处，正对洞口方向拍摄黑白照片，将 20° 视野的洞外环境一次成像在胶片上。拍摄时还需在洞口旁立一个已知亮度的灰板作为参照物，然后将冲洗出来的胶片置于黑度仪上，读出 20° 视野内各景物的黑度，并将各自所占面积的百分比作为权重计算出平均黑度，再与参照物的亮度进行比较，确定现场测量时的洞外亮度 L_{20} (S) 值。采用黑度法

[1] CEN.CR 14380-2003 Lighting Applications– Tunnel Lighting[R].European Committee for Standardization, 2003.
[2] 中华人民共和国行业推荐性标准.公路隧道照明设计细则(JTG/T D70/2-01-2014)[S].中华人民共和国交通部.
[3] 刘英婴.用反应时间研究道路照明光源的相对光效 [D].重庆:重庆大学,2006.

测量洞外亮度的精度受感光胶片质量、冲洗状况等因素影响，采集测试过程相对复杂，不适合于现代化的工程施工使用。同时，几天的洞外亮度测量数据能否反映地区的光气候变化规律还有待验证。因此，黑度测试法应有进一步修正和改进的需要，从实践应用方面来看，也仅适合在一定季节、气候条件下，土建和路面施工均已完成的隧道项目。

数码相机测试法相比黑度法更为快速简便，是随着数字成像技术的不断发展而产生的一种洞外亮度测试手段，可以消除黑度法因采用感光胶片带来的测量误差，缩短测试洞外亮度的周期，因主要解决的问题是不同品牌、型号设备产生的误差问题 ❶。与黑度法类似，测试方法需确定数码相机所采集的数字图像的灰度值和刺激值之间的关系式及相应的校正系数，并在光度学实验室里进行标定，即在正常曝光条件下，利用标准灰板、色板，确定刺激值与被测目标的亮度表达式，这样才能利用数码相机对洞外亮度分布进行近似测量，限制条件也和黑度法相同，必须要排除测量的偶然性，通过长期实测后才能确定适宜的洞外亮度值。

环境简图法是在 20° 视场内，根据隧道洞口外景物亮度与各部分所占的百分比相乘算得，要求在隧道接近段起点 S，距地面 1.5m 高处，考虑正对隧道洞口方向天空亮度、路面亮度、洞口环境亮度和隧道洞口亮度的贡献，洞外亮度值可以按式（1–2）计算：

$$L_{20}(S) = cL_c + rL_r + eL_e + \tau L_\tau \qquad (1–2)$$

式中：$L_{20}(S)$——洞外亮度（cd/m²）；

L_c——20° 视野范围内的天空亮度（cd/m²）；

L_r——洞外道路路面亮度（cd/m²）；

L_e——环境亮度（cd/m²）；

L_τ——洞口亮度（cd/m²）；

c、r、e、τ——分别为天空、路面、环境、洞口所占的百分比。

隧道入口占比一般在 8% 左右，且亮度水平较低，所以洞口亮度对洞外亮度贡献很小，可忽略不计。于是，式（1–2）可以简化成下式：

$$L_{20}(S) = cL_c + rL_r + eL_e \qquad (1–3)$$

由式（1–2）及式（1–3）可知，采用环境简图法测算洞外各景物所占百分比相对简易，但还需获得视野内不同景物亮度水平的信息，这就需要

---

❶ 黄珂. 道路照明测量方法研究 [D]. 重庆:重庆大学,2006:1–8.

有隧道建设地区的相应实测数据，增加了环境简图法计算的实现难度，若仅采用推荐值则会导致与实际的较大差异。在 CIE 88 号技术报告中，建议用查表法估算初始的隧道照明值，用环境简图法进行最终的照明设计，但两种方法都需要有较多的地区性测试资料才能得出较为准确的计算结果，这几种隧道洞外亮度的测量方法都有一定的局限性。

因不同学派对于 K 值法的研究方法和所得结果的差异，加上洞外亮度 $L_{20}(S)$ 的计算和测试方法的误差，使得采用此方法计算得出的亮度推荐值的科学性和准确性较低，从而影响后续过渡段、中间段的光度计算。

在 88 号出版物附件中也推荐了等效光幕亮度及主观评价法计算入口段适应问题，其中等效光幕亮度是根据洞外眩光在驾驶员眼睛内形成的散射效应进行考虑的，入口段亮度水平随光幕亮度的增加而提高，采用式（1-4）计算。

$$L_{th} = \frac{L_{seq}}{6C-1} \qquad (1-4)$$

式中：L_{seq}——等效光幕亮度（cd/m^2）；

$\qquad$ C——目标物亮度对比度。

报告中同样提出可以利用转换过后的经验结果（SRN）结合等效光幕亮度确定入口段亮度水平，如式（1-5）所示，图 1-4 分别采用目标对比度 C 与主观评价数 SRN 时，L_{th} 与等效光幕亮度 L_{seq} 之间的关系。

$$L_{th} = 10^{(SRN-4.1)/6} L_{seq} \qquad (1-5)$$

式中：SRN——主观评价值。

而 CIE 建议用 SRN 等于 5 时的数据作为最低入口段亮度水平，SRN 与最小察觉对比度之间的关系如图 1-5 所示。

式（1-4）、式（1-5）中的等效光幕亮度 L_{seq} 是以霍拉戴 - 斯泰尔兹（Holladay-Stiles）的公式 ❶ 式（1-6）为基础的，该公式可以用图 1-6 所示的极坐标图来表示。

$$L_{seq}(S) = 9.2 \times \sum_{i=1}^{n} \frac{E_{vi}}{\theta_i^2} \qquad (1-6)$$

极坐标内各环的边界视角可通过已有研究数据获知，计算时将实拍隧道照片重合在极坐标图上，保证隧道口与照片中心重合，考虑隧道洞口亮

---

❶ CIE Technical Report. 61–1984. Tunnel Entrance Lighting : A Survey of Fundamentals for Determing the Luminance in the Threshold Zone, 1984.

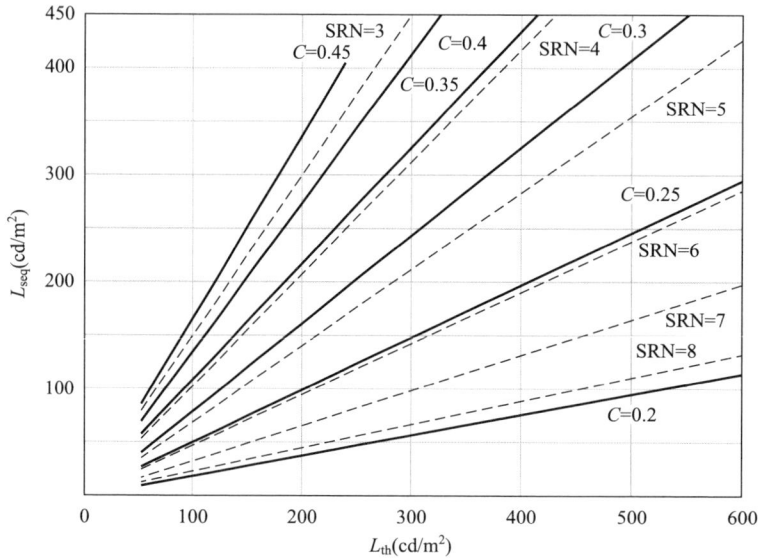

图 1-4　入口段亮度 L_{th} 与等效光幕亮度 L_{seq} 的关系 ❶

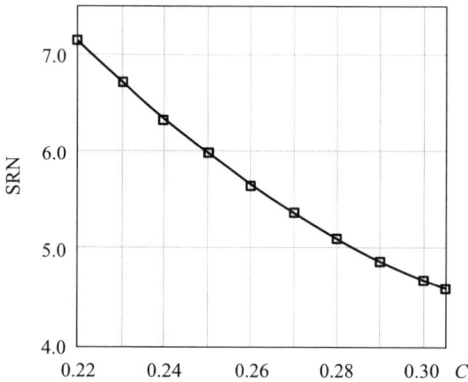

图 1-5　最小察觉对比度与 SRN 的关系 ❷

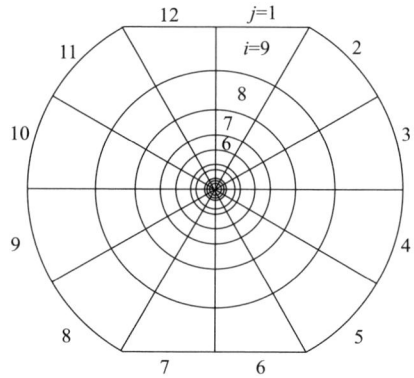

图 1-6　等效光幕亮度计算简图 ❸

度较低，故 2° 视场角的亮度范围可以不纳入等效光幕亮度计算，在以极坐标中各求得的平均亮度之和作为 L_{seq} 的计算值，如式（1-7）所示。

$$L_{seq} = 5.13 \times 10^{-4} \sum L_i \qquad (1-7)$$

式中：L_i——每一部分的平均亮度。

式（1-7）中的计算并没有考虑大气透射率、大气光幕亮度、挡风玻璃

---

❶ CIE Technical Report. 88-1990. Guide for the Lighting of Road Tunnels and Underpasses, 1990.

❷ 同 ❶.

❸ 同 ❶.

亮度、挡风玻璃透射率对 L_{seq} 的影响，CIE 在 2004 年最新《公路隧道和地下通道照明指南》中加入了汽车挡风玻璃的影响因素，如式（1-8）所示[1]。

$$L_{seq} = 5.1 \times 10^{-4} \sum_{i=1}^{9} \sum_{j=1}^{12} L_{ije} \qquad (1-8)$$

式中：$\sum_{i=1}^{9} \sum_{j=1}^{12} L_{ije}$ ——产生等效光幕亮度的各个部分的亮度和，可用式（1-9）表示。

$$L_{ije} = \tau_{ws} L_{ij} + L_{ws} \qquad (1-9)$$

式中：τ_{ws} ——汽车挡风玻璃的光透射率；

L_{ws} ——汽车挡风玻璃亮度；

L_{ij} ——每一部分的平均亮度。

隧道照明安全的主要目标是保证驾驶人员具有良好的视觉可见度，因此基于视觉功效研究的方法进行隧道照明计算可以更加准确并符合实际，CIE88：1990 中采用主观评价法计算时其实已经考虑了 SRN 与最小察觉对比度 C_m 之间关系（图 1-5），在 CIE 88：2004 中正式提出了用察觉对比度法来计算入口段亮度的建议，是考虑了人眼瞬时适应的影响以及由空气中光散射和汽车挡风玻璃产生的光幕影响后得到的对比度，如式（1-10）所示，入口段照明计算方法的改进，使得包括过渡段在内的亮度确定比之前更加准确。

$$L_{th} = \frac{L_m}{\dfrac{1}{C_m \left(\dfrac{\rho}{\pi q_c} - 1 \right)} - 1} \qquad (1-10)$$

式中：L_{th} ——入口段亮度（cd/m^2）；

L_m ——考虑了各项因素的综合光幕亮度（cd/m^2），与空气、挡风玻璃的透射性相关；

ρ ——目标反射比；

C_m ——最小察觉对比；

q_c ——路面亮度与垂直面照度之比。

杜志刚、潘晓东[2]等人利用照度仪、加速度采集仪及眼动仪等设备，对

[1] CIE Technical Report. 88-2004. Guide for the Lighting of Road Tunnels and Underpasses, 2004.
[2] 杜志刚, 潘晓东, 郭雪斌. 高速公路隧道进出口视觉适应实验 [J]. 哈尔滨工业大学学报, 2007(12): 1998-2001.

隧道进出口驾驶员的瞳孔变化进行大量行车实验和分析，说明了在隧道进入口 50m 范围内驾驶员瞳孔面积与隧道进入口照度的幂函数关系，并获得基于视觉适应的进出口计算公式。

杨韬[1] 利用对隧道内不同壁面材料的反射特性研究，利用隧道照明反射增量系数对包括入口段、过渡段及中间段在内的隧道照明计算方法进行优化，获得考虑材料反射叠加的条件下，隧道照明平均亮度与实测平均照度的关系，如式（1–11）所示，并利用实测数据对计算模型加以验证，获得了良好的节能效果。

$$L'_{av}=E_{av}QK \qquad (1–11)$$

式中：L'_{av}——考虑了隧道内表面相互反射后的路面平均亮度值；

　　　E_{av}——未考虑隧道内表面相互反射时，直射光产生的路面平均照度值；

　　　Q——亮度转换系数；

　　　K——隧道照明反射增量系数，$K \geqslant 1$，按所测试数据表格取值。

殷颖[2] 介绍了国际照明委员会推荐的 K 值法、SRN 主观评价法和察觉对比度法，分析了 K 值法的不足及 SRN 主观评价法的不确定性，提出察觉对比法适合于隧道照明入口段亮度计算，并设计了模拟各种环境条件影响下的最小察觉对比度实验，确定了入口段亮度计算模型中的重要参数 C_m 的正、负最小察觉对比度值。

胡英奎[3] 等在对 K 值法与最小察觉对比法进行分析的基础上，结合现场实测结果，提出了基于瞳孔变化的入口段亮度计算方法，因直接考虑了驾驶员视觉的适应过程，提出利用该计算方法确定入口段亮度更有利于隧道行车安全。

通过不断精确的计算方法获得入口段亮度，也就是确定了过渡段亮度变化计算的基准，对于隧道照明实际情况来说，驾驶员视觉的适应是一个连续的过程，CIE 在过渡段计算中也以标准适应曲线为基准，说明人眼视觉表现和响应状态均会随着适应时间发生变化。对于车辆接近洞口直至刚进入隧道开始的这一段，亮度变化和适应是"瞬时"的，且只与隧道所处地理位置、洞口朝向、天气条件、设计车速等确定的要素相关，而从进入隧道后入口段开始的视觉变化，则与隧道分段、照明布置和设计密切相关，

[1] 杨韬. 隧道照明反射增量系数研究 [D]. 重庆：重庆大学, 2008.

[2] 殷颖. 隧道入口段亮度计算方法研究 [D]. 重庆：重庆大学, 2008.

[3] 胡英奎, 翁季, 李毅, 等. 道路照明条件下驾驶员瞳孔大小变化规律 [J]. 重庆大学学报, 2010(8)：85–90, 102.

直接决定了适应的条件和状态，所以应当充分评估不同的适应水平对视觉功效的影响，过渡段的设置则是为了解决入口段 L_{th} 到中间段 L_{in} 亮度变化给驾驶员带来的视觉不舒适问题，其设计计算结果直接影响隧道照明段划分及基础段的照明水平。

《公路隧道照明设计细则》中，对于过渡段亮度及长度的计算和划分是根据 CIE 适应曲线进行的，以入口段亮度作为计算基准，如式（1–12）所示：

$$L_{tr} = L_{th}\left(1.9 + t\right)^{-1.4} \tag{1–12}$$

式中：L_{tr}——过渡段亮度（cd/m²）；

$\quad\quad L_{th}$——入口段亮度（cd/m²）；

$\quad\quad t$——适应时间，单位 s。

隧道总长度受地形、地质等自然条件限制，而其中各段的划分主要是根据隧道的实际视觉情况（比如较短的隧道形成的"亮洞黑框"效应）、设计车速确定，对于总长已知的隧道来说，在设计车速一定的情况下（我国一般隧道行驶均进行限速），其内部照明设计需考虑的因素主要是适应亮度差及相应的行驶时间（适应时间）[1]，过渡段长度的划分基本是沿亮度变化曲线来的，因为：

$$D_n = V_t \times t_n \tag{1–13}$$

式中：D_n——任意分段长度；

$\quad\quad V_t$——设计车速（m/s）；

$\quad\quad t_n$——对应的适应时间（行驶时间）。

一般来说设计车速确定，则设计长度与时间成线性正比关系，《公路隧道照明设计细则》中明确了基于亮度阶梯对应的分段距离计算方法：

$$D_{tr1} = \frac{D_{th1} + D_{th2}}{3} + \frac{V_t}{1.8} \tag{1–14}$$

式中：D_{tr1}——过渡段 tr1 的长度；

$\quad\quad D_{th1}$——入口段 th1 长度；

$\quad\quad D_{th2}$——入口段 th2 长度；

$\quad\quad V_t$——设计车速。

$$D_{tr2} = \frac{2V_t}{1.8} \tag{1–15}$$

---

❶ 陈仲林,孙春红. 公路隧道照明设计研究 [J]. 灯与照明,2007(3) :32–35, 52.

$$D_{tr3} = \frac{3V_t}{1.8} \qquad (1\text{–}16)$$

式中的设计车速单位为 km/h，如果转换成 m/s，D_{tr2}、D_{tr3} 则分别简化为 4s 和 6s 内行驶的距离，分段适应时间是根据曲线的斜率变化，另按式（1–12）计算，对应过渡段每一分段长度的亮度值则可以转化为：

$$L_{tr1} = 0.3L_{th} \qquad (1\text{–}17)$$

$$L_{tr2} = 0.1L_{th} \qquad (1\text{–}18)$$

$$L_{tr3} = 0.035L_{th} \qquad (1\text{–}19)$$

在利用 CIE 曲线计算时，当 t 值分别等于 0.5s、3s、9s 时，分别得到上述三式，也就是从这几个的时间节点开始及其中间段，是使用梯度亮度替代曲线亮度的变化，在 88 号技术报告中也阐述了可以用梯度代替的方法。CIE 适应曲线中，入口段亮度在 0.5SD（停车视距）之前维持为 L_{th}，之后线形降低到 $0.4L_{th}$ 进入过渡段渐变区，我国标准中，过渡段的开始段 D_{tr1} 是包含了 CIE 曲线中临界区（Threshold zone）的部分亮度降低区域，划分比例与 CIE 曲线有所不同，如图 1–7 所示，这也就是式（1–14）中 $\frac{D_{th1} + D_{th2}}{3}$ 部分，可以看出在我国隧道照明设计规范中，把 CIE 曲线的 SD 分为 3：1 的部分，所以 D_{tr1} 并非从曲线过渡段 0 点开始，而是从 0.75SD 开始阶梯状变化，且总体分段方法也有所不同，一定程度上缩短了入口段适应时间，这样的变化对视觉适应水平是否会产生影响目前还没有相关的研究。

过渡段亮度的变化即是入口段到中间段的过渡，亮度值的计算是按式（1–12）渐变的，国家标准中基本是沿计算曲线分割长度，同时对应不同的分段亮度值，之所以推荐采用阶梯式取值，是因为渐变曲线仅是符合视觉适应特征的一种理想过渡状态，实际隧道照明工程中很难进行这样的完全模拟，这也是由传统隧道照明电光源技术条件及实际工程施工现状确定的，进行理论亮度计算的时候应基于适应曲线的变化。邱凡 [1] 等基于 CIE 推荐的隧道过渡段计算方法，分析了目前过渡段因阶梯式亮度分段设计的弊端，并推导出了洞外亮度变化时隧道过渡段的亮度需求公式，提出应采用新型光源结合动态无极调光技术来设置过渡段亮度，也说明了确定科学的过渡段照明指标对降低隧道运行能耗的重要性。若以 CIE 暗适应曲线图（图 1–2）中纵、横坐标为变量，设刚进入入口位置为坐标原点（0，0），则

[1] 邱凡,马小军,刘乃涛,等.隧道照明过渡段亮度动态需求探讨 [J].照明工程学报,2010,21(6)：13–18.

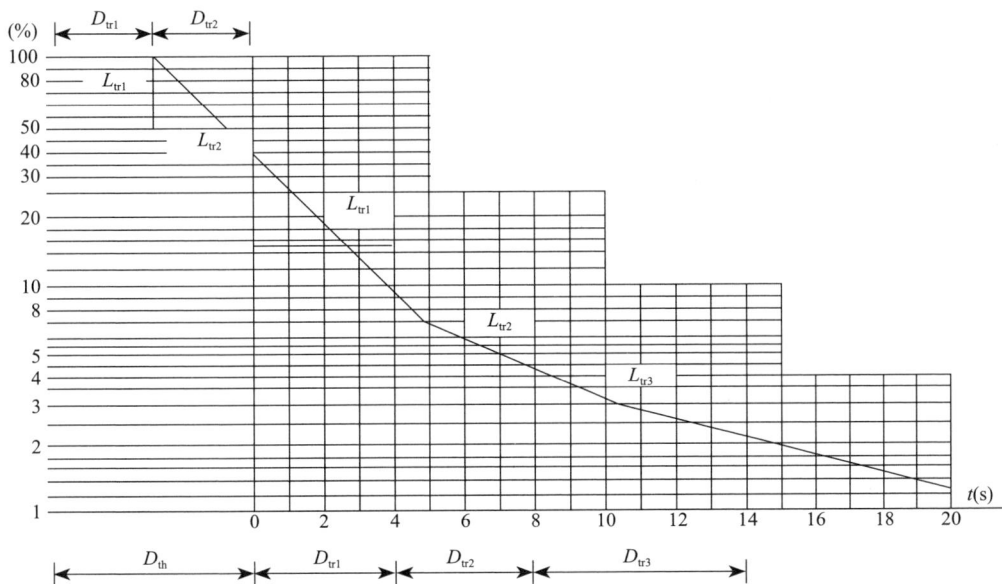

图 1-7　国标中隧道照明过渡段长度及亮度划分 ❶

可以表示出理论需求亮度的变化：

（1）横坐标为隧道某点距入口的距离 D_x，纵坐标为该点对应的适应亮度 L_y；

（2）在入口段亮度 L_{th} 维持段，为横坐标从 0 到 $0.5D_s$ 的变化（停车视距）；

（3）纵坐标从 L_{th} 到过渡段起始的变化，对应距离从 $0.5D_s$ 到 D_s，由纵坐标亮度下降到 $0.4L_{th}$，若计算中把亮度近似看作线性变化，则可以由（$0.5D_s$，L_{th}）及（D_s，$0.4L_{th}$）两点确定直线方程：

$$L_y = \left(1.6 - \frac{1.2D_x}{D_s}\right)L_{th} \qquad （1-20）$$

（4）从过渡段开始直到亮度与中间段亮度 L_{in} 相等，这一过程是式（1-12）进行变化的，若行车速度表示为 V_t，则过程中任意时刻的时间可以表示为 $t = \dfrac{X - D_s}{V_t}$，则亮度 L_y 可以表示为

$$L_y = L_{th}\left(1.9 + \frac{D_x - D_s}{V_t}\right)^{-1.4} \qquad （1-21）$$

同时从 $0.4L_{th}$ 过渡到 L_{in} 所需时间 t，可以由 $L_y = L_{th}\left(1.9 + t\right)^{-1.4}$ 解出

❶ 中华人民共和国行业推荐性标准. 公路隧道照明设计细则(JTG/T D70/2-01-2014)[S]. 中华人民共和国交通部.

$t = \left(\dfrac{L_{th}}{L_{in}} \right)^{\frac{1}{1.4}} - 1.9$，可简化表达为：

$$t = 10^\alpha - 1.9 \qquad (1-22)$$

则亮度从 $0.4L_{th}$ 变化到 L_{in} 的行驶距离则为过渡段长度，可表示为：

$$D_{tr} = \left(10^\alpha - 1.9 \right) V_t \qquad (1-23)$$

式中：D_{tr}——过渡段长度；

$\quad\alpha$——计算参数，$\alpha = \dfrac{1}{1.4} \times \lg \dfrac{L_{th}}{L_{in}}$；

$\quad V_t$——设计车速。

目前的隧道过渡段计算完全基于 CIE 适应曲线的适应亮度变化，没有针对隧道照明环境、光源参数及最佳适应状态的视觉功效进行研究，加上实际适应状态与曲线本身存在一定偏差 [1]，根据曲线走势的阶梯式亮度取值则可能进一步加大误差程度。另外，其他一些国家和学术团体对于隧道照明（包含过渡段）的亮度分段方式也有所区别，如日本照明学会在其照明手册中，对于隧道照明构成基本划分为入口照明、基本照明及出口照明，在对"入口部分照明"的标准亮度推荐分为三段，其中"过渡区""缓和区"则等同于过渡段的三段划分（图 1-8），但其亮度变化曲线采用分段折线表示，斜率与 CIE 过渡段曲线有所差异。

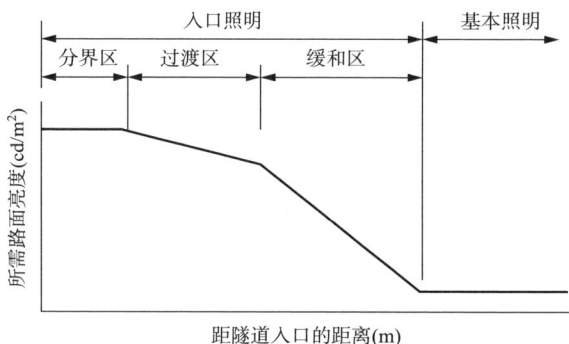

图 1-8　隧道入口照明的构成 [2]

而在实际照明计算当中，日本照明学会则根据"一般照明"的设计亮度（基本照明）确定灯具间隔、配置种类等，而其定义的"入口段"的实

---

[1] CIE Technical Report. 88–1990. Guide for the Lighting of Road Tunnels and Underpasses, 1990.

[2] 照明学会. 照明手册 [M]. 李农,杨燕,译. 北京:科学出版社,2005.

施亮度虽然也按阶梯亮度的方法处理，但分段方式有所不同。所以，对于隧道内部视觉适应来说，亮度标准与实际设计的差异、各段比例的划分及其他各种影响参数的相关程度的计算方法需要进一步研究和确定。

第三节　研究的对象与内容

一、研究对象

隧道照明中影响行车安全的关键问题是视觉适应，而适应的过程在从驾驶员视野中出现"黑洞"效应时就开始了，而与环境亮度变化相对急剧的"洞外至入口段"相比，隧道过渡段的作用主要是让人眼在完全进入另一视觉背景后，尽可能达到最优的视觉适应水平，从而提高视觉可见度，最大程度地减少交通事故的发生。本书研究的对象就是隧道照明中过渡段的人眼适应的视觉机制问题，以解决脱离隧道照明实际、完全依赖经典暗适应测试研究成果进行计算的现状为目标，并对我国公路隧道照明建设及设计提供指引及参照。

二、研究内容

本书主要针对现有以 CIE 暗适应曲线为基础的过渡段计算方法，研究与隧道照明实际视觉功效所存在的差异，主要内容包括了以下几个方面。

（1）利用与驾驶行为直接关系的反应时间视觉功效法，研究亮度水平与人眼适应时间快慢（适应水平）的关系，以确定不同照明光源符合隧道驾驶视觉适应的适应曲线，针对现行标准提出相关修正，以供隧道照明光源选择及设计实践使用。

（2）研究在不同亮度水平条件下，光源色温参数与人眼适应时间快慢（适应水平）的关系，解决隧道照明中不同光源均采用相同计算条件和计算方法所带来误差的问题。

（3）在视觉适应条件下，确定不同光度、色度参数条件对隧道照明视觉功效（反应时间）的影响，作为原有隧道照明光源光效的研究结果的补充和完善。

（4）实验过程中考虑受生物节律性行为影响的瞳孔尺寸变化，以获得非映像视觉效应（Cirtopic）与隧道过渡段照明视觉适应状态的关系。

（5）在实验室测试结果的基础上，利用动态计算机模拟方法对理论计算模型、设计方法进行评估、修正和检验。

第四节　研究方法和技术路线

1. 明确总体任务内容

确定针对隧道过渡段照明适应问题研究的目的和要求，指定研究方案、步骤，提出所要解决的问题。

2. 分析现有成熟的道路隧道照明研究方法

针对隧道照明中突出的适应性问题，建立以视觉功效为基础的实验方法，并按要求进行具体的实验设计。

3. 利用数理分析等方法研究大量实验结果

确定各项指标、参数之间的关系，并尝试用模型或公式对隧道过渡段适应行为进行描述。

4. 与目前视觉科学研究的前沿理论结合

配合先进的眼动仪同步获取相应的人眼瞳孔变化数据，分析第三视觉响应对人眼适应水平的影响。

5. 充分利用计算机模拟技术

通过针对性的编程设计应用实验，进一步验证研究色度参数与视觉适应的关系，对隧道过渡段光源光色研究结果进行补充。

6. 利用先进的仪器及方法对国内不同地域代表性隧道进行实地踏勘

结合交通情况调查、问卷等方式，基于隧道过渡段照明的研究成果对隧道照明实际应用情况进行评估。

第五节　研究重点及关键问题

一、研究重点

隧道照明条件下的人眼适应主要用 CIE 标准暗视觉适应曲线描述，相关报告中阐述的计算结果与实际误差问题，目前还没有具体的针对性研究和相关进展，CIE 暗适应曲线以标准视觉测试方法获得，是与人眼响应的生理状态密切吻合的响应结果，我国《公路隧道照明设计细则》中关于过渡段照明的计算及设计方法也主要沿用此理论。标准暗适应曲线的实验方法并没有考虑隧道中因照明环境、视觉模式及光源参数不同对适应状态产生的影响。各国各地的隧道建设、基础设施、交通状况及照明环境等方面都具有不同的特点，且不同被测个体可能因生活环境、生理机能等客观条件而存在视觉响应水平的异同。这些因素导致标准、规范的计算方法与实际情况的差异进一步扩大，因此，本研究的重点即是建立符合隧道照明视觉适应特征的实验方法，并以此为基础研究不同适应状态条件下，影响行车视觉功效的主要因素。

二、拟解决的关键问题和研究的实用价值

（一）拟解决的关键问题

隧道照明过渡段视觉适应水平主要以适应时间、适应亮度与视觉功效衡量，在隧道照明复杂的环境条件下，影响人眼视觉适应过程的因素众多。因此，通过实验测试及数据分析的方法获取各影响因素的理论模型是研究的关键问题，数学模型的建立可以科学地说明各参数之间的关系，从而获得最佳适应状态条件下的对应参数值，关键点主要包括以下几个方面。

（1）目前主要隧道照明光源（不同光谱分布），对应不同适应亮度的平均适应时间。

（2）基于视觉功效法（考虑光源光色等其他因素影响）的暗适应曲线与 CIE 经典曲线（采用暗适应计）测量方法结果的差异。

（3）在同等亮度水平条件下，尝试评价隧道照明实践中光源类别、色温参数对适应水平的影响。

（4）考虑光度、色度参数变化的同时，研究与非视觉生物节律效应相关的瞳孔参数变化与适应水平、视觉功效的关系。

（二）研究的实用价值

现有关于道路交通照明的研究一般是在不同照明环境及视觉条件下，对驾驶员视觉功效的直接评价，如以赫尔辛基大学为主导的科研机构联合攻关的中间视觉模式的视觉功效研究 ❶、国内以各高校院所为主导的中间视觉理论模型研究及隧道照明可见度、入口段亮度、反射增量系数等方面的研究等。在任何条件下，当行车接近隧道时，驾驶员的视觉环境变化随即开始，而当车辆完全驶入隧道后，对洞内亮度差异照明环境的适应便成为人眼最主要的视觉任务。

在进入隧道的"暗适应"及离开隧道的"明适应"中，前者是隧道视觉作业中与驾驶安全相关的重要问题。从接近段到入口段，因为洞外亮度和洞内亮度的强烈变化，行驶车辆一般会主动降低车速，避免因较强烈的亮度反差及较短的适应时间（较高车速）造成的可见度大幅降低，而过渡段到中间段则是驾驶员进入隧道后视觉功能性与舒适性变化最主要的过程，与进入隧道后行车安全密切相关。因此，对过渡段人眼适应问题的研究、建立相应的计算模型，正是为了准确地获得复杂照明条件下隧道内部各视觉要素之间相互影响的关系，为诸如设计车速、隧道分段设置、光源选择及灯具布置等隧道照明建设中的实践问题提供相应参考和依据，以合理的参数标准，最大程度地优化工程设计、降低投入成本，减少交通事故率并提升运输效率。

---

❶ Eloholma M, Halonen L. Performance based model for mesopic photometry. MOVE Project Report. 2005：1–5.

第二章

隧道过渡段照明视觉适应影响因素研究

第一节 人眼视觉生理

一、视觉感光细胞

产生视觉的条件，除了光以外，还必须要有光的接收器。对于人来说，光的接收器就是人眼，也是人类获得外部视觉信息的重要通道。眼球是一个直径约为 23mm、构造复杂的类球体，视网膜位于脉络膜里层即眼球最内层，是人眼重要的感光部分，视网膜厚度一般小于 0.4mm，约占眼球内表面的三分之二（图 2-1）。当人眼受到足够的光线刺激时，先由眼睛的屈光系统使物体成像于视网膜上，感光细胞受光刺激后，产生电信号，使视神经产生兴奋，并传至视觉中枢，人便看到了外界事物，这就形成一个完整的视觉过程[1]。

如果仅从映像视觉效应来看，其过程中包含了锥状和杆状这两种感光细胞的作用，视网膜总共约有一亿三千万个感光细胞，其中锥状细胞约有七百万个。锥状细胞是明视觉器官，它在明亮条件下能很好地分辨物体的细节和颜色，对光和色都有反应；杆状细胞则是暗视觉器官，灵敏度高，能感受极微弱的光，但不能分辨目标对象的细节和颜色。

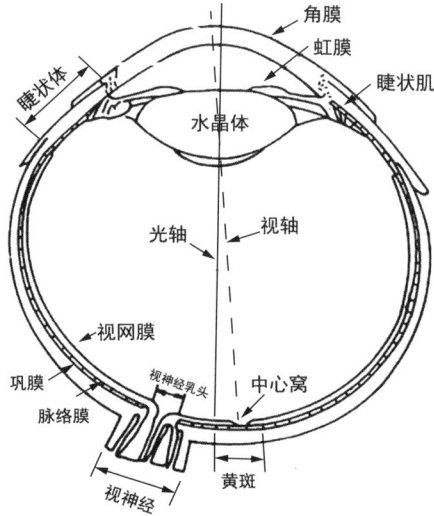

图 2-1 人眼剖面构造图[2]

2002 年，美国布朗大学（Brown University）的大卫·波尔森（David Berson）等学者在人眼视网膜上发现了第三种感光细胞，也就是第三种接收器——神经结细胞[3]，这种感光细胞是对进入人眼的辐射产生生物

---

[1] 葛坚. 眼科学 [M]. 北京：人民卫生出版社，2010.

[2] 同[1].

[3] 杨公侠，杨旭东. 人类的第三种光感受器（上）[J]. 光源与照明，2006(2)：30–31.

效应而获得对外界的认识。在 2005 年西班牙举行的 CIE 中期会议上，伯曼（Berman）和克里（Clear）[1] 提出非视觉生物节律光感受器的概念，与锥状、杆状细胞不同，其在视网膜感光过程中产生的是一种非映像的视觉效应，但与人的生物节律和强度密切相关，并且影响人眼瞳孔大小的变化。

二、暗适应原理及过程

当视觉环境条件发生变化时，人眼内部会相应产生一系列适应过程，从而获得匹配该环境的最佳视觉感受。从暗环境变化为亮环境的明适应进程相对较快，通常在几秒内即可完成。其机制是视杆细胞在暗处蓄积了大量的视紫红质，进入亮处遇到强光时迅速分解，因而产生耀眼的光感。只有在较多的视杆色素迅速分解之后，对光较不敏感的视锥色素才能在亮处感光而恢复视觉。与明适应相比，暗适应过程相关的各种条件因素则更为复杂，也是本书所要研究的重点内容[2]。

人眼适应与视网膜光敏感度和视网膜色素的分解合成相关，是一种复杂的神经学和光化学过程，在进行暗适应时，视网膜中央视觉逐渐转化为边缘视觉作用（锥状细胞到杆状细胞作用的过渡），杆状细胞感受性逐渐提高，其感光物质称为视紫红质，是由视黄醛与视蛋白结合而成，为分子构象较为卷曲的一种，即 11-顺视黄醛（11-cisretinal），在光照下它即转变为构象较直的全-反视黄醛（all-trans retinal），如图 2-2 所示，并开始和视蛋白分离，即视紫红质曝光破坏，通过暗适应又可逆耗能反应转化为 11-顺视黄醛，形成视色素[3]。

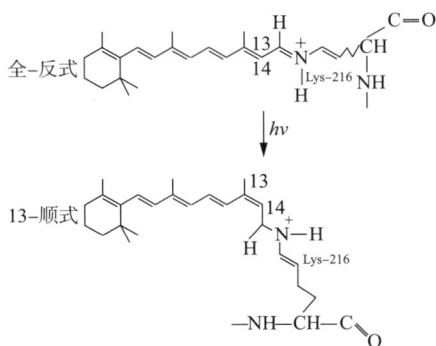

图 2-2 全-反视黄醛分子结构[4]

在暗环境中，视紫红质呈紫红色，有 3 个吸收带，峰值

[1] Sam M. Berman, Robert D. Clear. Past vision can Support a Novel Human Photoreceptor [R]. 2005 International Lighting Conference "Lighting in the 21 Century" Proceedings Leon Spain, 2005.

[2] 郭才陶. 人眼视觉暗适应的主要机制 [J]. 四川师院学报(自然科学版),1984(2):91-93.

[3] 陈强,张银科,王斌. 紫红质色基-视黄醛骨架异构化机理探讨 [J]. 宝鸡文理学院学报(自然科学版),2000(2):126-129.

为 500nm。当视紫红质受到光照时，吸收光谱发生明显的变化，在短波长处产生一个新的吸收带，视紫红质也由紫红色变成黄色或灰白色，这也是所谓的视紫红质的光漂白，由此可知暗适应过程中，感光色素的分解合成除受光刺激强度影响外，还与光谱功率分布（光色）等因素相关。

第二节　人眼适应机制

一、人眼适应与亮度

环境亮度变化是人眼产生适应过程的根本原因，而适应主要表现为视觉二重性机制的作用，即锥状细胞与杆状细胞在环境光度水平的变化过程中的感光化学物质反应。

对于暗适应曲线来说，由亮环境进入暗环境的初期，适应过程进行得相当快，几乎可认为是亮度变化刺激带来的主导作用，此时二重性机制中明视觉系统敏感性增强，最大程度地响应和适应环境亮度，也就是与锥状细胞、杆状细胞在适应曲线的第一阶段的视色素合成增加相关，一般是在 7 分钟内人眼感知光线的阈值出现明显下降，出现科尔劳施曲折（Kohlrausch's kink）[1]，如图 2-3 所示。

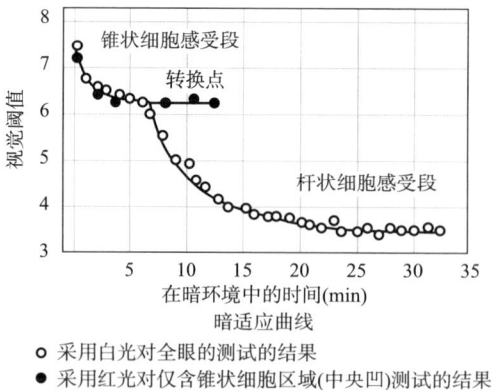

图 2-3　视觉阈值与适应时间的曲线关系 [2]

○ 采用白光对全眼的测试的结果
● 采用红光对仅含锥状细胞区域(中央凹)测试的结果

[1] 陈强,张银科,王斌.紫红质色基 – 视黄醛骨架异构化机理探讨 [J].宝鸡文理学院学报（自然科学版）,2000(2):126–129.
[2] 徐之毅.正常眼暗适应曲线 [J].眼科研究,1984(3):152–153.

在第一次视觉感知度明显提高后（称为变化的第一相，主要是锥状细胞的适应），杆状细胞中感光色素视紫红质的合成逐渐增强，进入暗适应的主要阶段（第二相适应），直到适应开始后的前 15 分钟是整个过程的关键时间段，也是视觉感知提高（识别阈限下降）最快的时期，大概 30~40 分钟后，视觉达到完全的暗适应状态，也就是视觉感知阈值达到最低点，这种条件下的视觉感受性比进入黑暗之前提高约十万倍，包括在相应暗视觉条件下获得的光谱光视效率曲线 $V'(\lambda)$ 也必须在完全适应的条件下进行。所以，照明环境亮度的改变直接影响视觉感光细胞参与比例与感光色素的合成过程，是影响人眼视觉适应生理变化的重要因素。

二、人眼适应与色彩

在视看处于暗视觉时（＜ 0.005～0.001cd/m²），色调是灰色的或者称为无色彩感应，但只要有适当的亮度，在中间视觉（0.001～3cd/m²）、明视觉（＞ 3cd/m²）条件下❶，就能够对色彩进行感知，所以在大多数实际情况下，人眼视看功能除了受到光度因素的影响，还与光色因素密切相关。

早在 20 世纪初，瓦尔德（G.Wald）等人用显微光谱光度计对人眼视感细胞进行的测量表明，除明度响应外，还存在大量波长选择性响应的视觉细胞。泽伦纳（Zerenner）等人对无颜色拮抗的神经节细胞进行过光谱响应特性的实验，结果与明视觉 $V(\lambda)$ 曲线可以很好地吻合，而颜色拮抗细胞的刺激实验以及后来德瓦卢瓦（De Valois）对外膝体神经元（LGN）进行的光谱响应特性的实验都表明，不论是神经节细胞还是 LGN，其光谱响应与目前广泛应用于光度计量的明视觉视感曲线都有明显区别，如图 2-4 所示。

目前，视觉研究领域采用视觉功效法是较为成熟的方法，如探测率、识别率或反应时间等直接的功能性评价，解决了颜色通道效应及相加性等问题❷，因此在实际评价过程中就没有针对色彩的影响进行考量。

然而对于视觉适应研究来说，光色对于实际视觉环境作业前的"适应阶段"的影响不能忽略，如光谱长波含量较多的光，主要是对视觉二重性中"中央视觉"起作用，而对于边缘视觉的杆状细胞作用很小，因为杆状细胞中视紫红质不被红光所破坏，也就是说，红光不会阻碍杆状细胞暗适

❶ 杨志钢. 人眼与色彩 [J]. 印刷世界，2004(1):6-7.
❷ 杨春宇,胡英奎,陈仲林. 用中间视觉理论研究道路照明节能 [J]. 照明工程学报,2008(4):44-47.

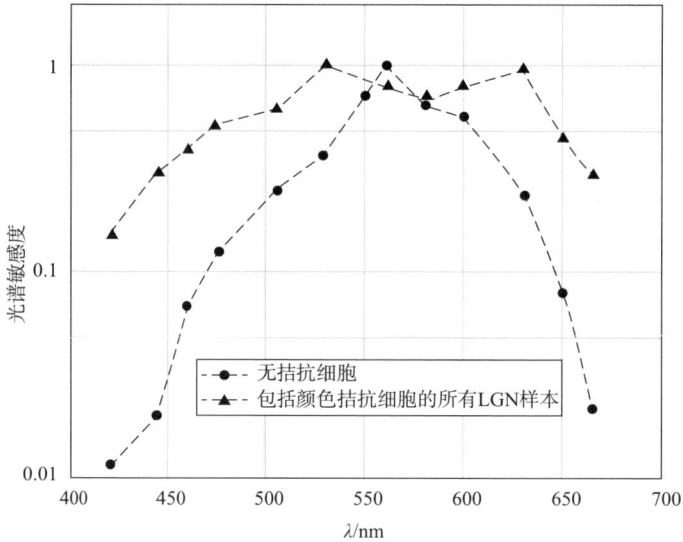

图 2-4　外膝体神经元在未考虑颜色通道和考虑颜色通道之后的光谱敏感度 ❶

应的过程，人们在适应了黑暗环境后，感光色素完全合成恢复，视觉感知度达到最高，如果此时进入红色光的明亮环境，再回到暗环境时几乎不需要适应 ❷，这也是飞机仪表盘、信号灯等采用红光的原因之一。

　　同时，人眼视觉感知的信息传递在视网膜内可以简化为"光感受器—通路网络细胞—神经节细胞"的模式，除了锥状、杆状细胞对色彩敏感程度的选择性外，不论是双极细胞、无足细胞、水平细胞还是神经节细胞，都是以拮抗的方式传递颜色信息 ❸，如前所述颜色拮抗神经元的光谱响应曲线与 CIE 光谱光视效率是不匹配的，已知视觉适应过程中，光感应阶段光色的影响是显著的，而信号传递阶段颜色拮抗神经细胞的光敏特性对适应过程的影响还没有具体的研究方法和成果，但无论从哪个角度出发，对于人眼视觉适应评价来说，光色应当作为研究的重要相关要素之一。

❶ De Valois R L, Abramov I, Kacobs G H. Anaysis of response patterns of LGN Cells[J]. Journal of the Opitcal Society of America, 1996, 56(7):966–977.

❷ 荆其诚,焦书兰,喻柏林,等. 色度学 [M]. 北京:科学出版社,1979.

❸ Thomos D, Visual Perception Lecture. London: City University, 2001.

第三节　隧道照明中的人眼适应

白昼隧道照明与交通安全密切相关，因为驾驶员视觉适应是日间隧道行车面临的首要问题，从隧道接近段开始到入口段，为环境亮度变化较为剧烈的适应阶段，需要基于洞外亮度合理地确定入口段亮度，最大程度减轻可见度的降低，提升短暂适应水平。当车辆完全进入隧道后，即主要为过渡段的亮度变化适应，目的是进一步提高视觉功效水平，因此，隧道照明条件下驾驶员的视觉过程可以描述为人眼的视觉适应过程。

目前常用隧道照明产品中，如气体放电光源、固态发光光源等都具有各自不同的光电参数特点，工程实践中也存在多种光源混用的照明方式，因此形成了不同光度及色度参数的复杂环境现状。在人工照明条件下，隧道内部作用于视觉适应过程的直接刺激因素是多样变化的，外界光刺激除了可以影响视网膜感光化学物的破坏和合成而产生适应现象，同样会导致人眼瞳孔尺寸的变化，其直径最大可扩大或缩小 4 倍左右 ❶。瞳孔根据环境明暗程度调节大小的能力，除受刺激强度影响外，还与个体自身因素有关，视觉适应和瞳孔尺寸变化相互影响和制约，瞳孔尺寸的改变如同相机中的光圈，可以控制进入光的数量，从而影响适应水平的高低，若在较短的适应时间内达到较高的适应水平，则可以减缓瞳孔的变化速率。虽然瞳孔尺寸变化不是视觉适应状态的最主要的生理机制，但也应作为人眼适应问题的重要研究内容。对瞳孔尺寸大小产生作用的非映像视觉的研究成果表明，还应考虑非视觉光生物视觉效应的影响。

目前隧道过渡段照明视觉适应主要以 CIE 推荐暗适应曲线作为计算依据，曲线描述了不同适应水平的亮度识别阈限和适应时间的关系，所以在已有隧道照明适应问题的研究中，一般根据适应曲线以及入射光的强弱（亮度水平）确定人眼的适应水平，并没有讨论光谱组成、色温等多方面因素对人眼适应水平的影响。日本京都大学学者石田（Ishida）等通过计算机模拟实验对于视野中非均匀的亮度分布的情况进行了研究 ❷，以不同的分布亮度差来表示复杂程度不同的照明环境，得到在不同环境亮度条件下光刺激目标的识别阈值，结果表明环境亮度分布差异（复杂程度）和亮度水平都共同影响视觉功效，即使环境平均亮度相同，若视野内有较大差异的亮

❶ 王育才,杨济芳,郑力新,等. YA-2 型暗适应计的设计及应用 [J]. 营养学报,1984(1):79-84.

❷ 同 ❶.

度分布变化，则会得到更大的识别阈值（图 2-5），也提出主观感受和光色因素对光适应性可能带来的影响，进一步表明"视觉的适应水平并不一定都是只由亮度水平来确定"的结论。因此，在隧道中驾驶员的视觉适应应考虑综合因素的影响，这也决定了隧道过渡段人眼适应问题研究复杂性和多样性。

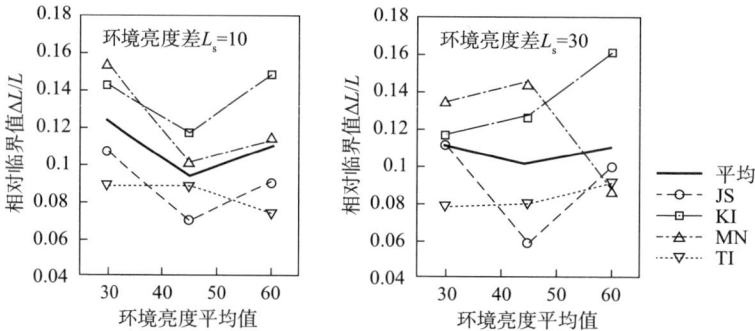

图 2-5　视觉适应试验中不同环境亮度分布条件下的最小察觉亮度值 ❶

第四节　隧道过渡段照明计算影响因素确定

过渡段照明的主要目的是让从户外环境进入隧道内的驾驶员能够迅速适应洞内照明环境，能够尽可能达到最佳视觉状态而提升视觉响应，视觉功效水平是衡量隧道过渡段照明质量的主要标准，过渡段照明研究的最终目的是获得能够应用于工程实践的计算方法及参数标准。因此，需要确定可能影响驾驶员视觉功效的主要因素以及各因素间的相互关系，并通过数据的分析、验证，用科学的方法建立相应的数学模型，以定量的方式确定各参数与视觉功效的关系。

通过前述分析可知，隧道内过渡段照明视觉功效的影响因素多样复杂，以前的照明研究关注的仅是"亮"或"暗"条件下的直接视觉评价，而在实际隧道行车过程中，驾驶员接收的视觉信息包括方位、环境、路况、四周车辆、行人等，需要随时保持对大量信息的快速处理，并做出正确的判

❶ Koji Iriyama,Taiichiro Ishida.Ralation between luminance distribution of surround visual field and contrast threshold [C].Proceedings of Annual Conference of the Illuminating Engineering Institute of Japan, 2002(35)：138.

断和措施。简单地说，驾驶员的视觉响应模式是按"感知—判断—响应"的顺序进行的 [1]，如图2-6所示。

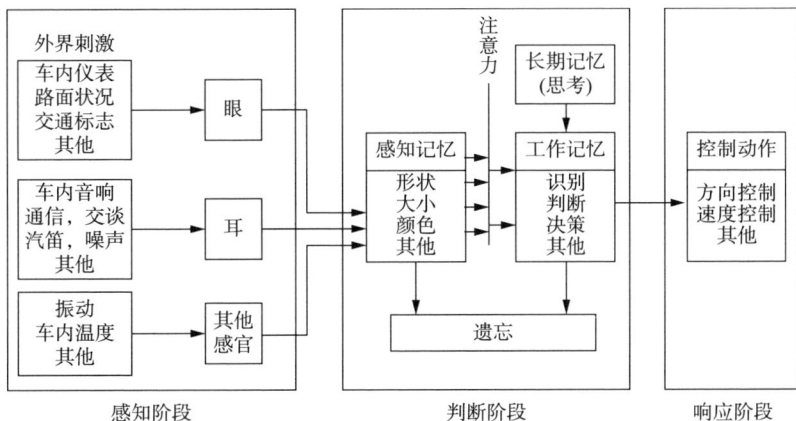

图 2-6　驾驶员认知响应模式 [2]

模式中每一个阶段都与交通安全密切相关，研究表明：道路交通事故中，由于感知失误引起的事故占48.1%，判断决策失误引起的事故占36.0%，反应操作失误引起的事故占7.8%。及时感知隧道交通信息，作出正确的判断阶段是响应阶段能够正确运作的基础和保证。在感知阶段，驾驶人员通过视觉获得的信息占所有信息的80%～90%，获得这些信息的外界刺激的来源是多样的，并不只是依赖于环境亮度水平的高低，而对视觉认知结果的衡量标准则是视觉作业能力，即驾驶员对交通状况的响应，所以现在道路、隧道照明的研究开始逐渐集中于人眼视觉功效，考虑包括环境、生理及心理方面的综合影响。

目前已有的隧道照明入口段理论计算方法，包括等效光幕亮度、察觉对比度等，其实验研究过程均可以看作在特定适应水平（相同的测试实验条件）的环境条件下，被试人眼的功效性响应。对于隧道内部照明来说，适应状态对视觉功效的影响是显著的 [3]，要确定隧道内部（过渡段）照明计算方法，与人眼适应水平相关的各种要素，都应当作为理论模型考虑的重要因子。

❶ 杨公侠. 光谱对视觉效能的影响 [C]. 照明科技论坛（上海）论文集, 2002, 12.
❷ 李百川, 殷国祥, 苏如玉. 汽车驾驶员反应特性与交通事故关系的分析研究 [J]. 人类工效学, 1995 (2): 26–31.
❸ 张青文, 胡英奎, 翁季, 等. 道路和隧道照明视觉功效测量系统的研制及应用 [J]. 灯与照明, 2012 (4): 9–13.

一、隧道亮度水平

从经典的视觉暗适应研究成果中可以获知，暗适应的出现主要因为从明视觉到暗视觉的变化过程中视杆细胞感光色素的分解到合成，所以亮度水平（照明环境）的变化是产生视觉适应的原因。

对于不同视觉环境条件下视网膜感光细胞的光谱响应二重性机制已有丰富的理论及成果，均是基于达到某种视觉适应状态进行的研究。根据隧道划分原则，长于 3000m 的归类为特长隧道，所以按常规设计车速 80km/h 计算，车辆进入隧道运行时间一般都在 5 分钟内，也正是视觉适应的第一阶段，驾驶员的视觉适应状态一般是主司明暗视觉机制的两种感光细胞共同作用的，亮度水平的过渡变化是符合隧道照明人眼适应机制的设计方法，同时要考虑在不同视觉环境状态下，感光细胞响应机制的差异及适应状态变化对驾驶员视觉功效的叠加影响。

二、驾驶员的适应时间

隧道照明条件下，适应时间的快慢决定了视觉功效水平的高低，而适应时间对适应状态的影响不言而喻。根据暗适应曲线可知，适应时间越长，可察觉视觉阈限越小，但根据隧道行车的实际要求，不可能按照自然状态进行暗适应的过程。设置人工照明的目的，就是为了在隧道总长与设计车速的限制条件下（隧道内行车时间），最大程度地减少视觉不舒适性，提高视觉功效。

理论上隧道内部照明水平越接近洞外，则可以把视觉适应的影响降到最低，而考虑节能和施工运行的实际情况，照明水平是根据适应曲线逐级降低的，除入口段、过渡段及出口段为过渡性照明段外，隧道占比最大的一般段（中间段）照明在满足视觉需求的情况下往往要求尽可能节能，单位功率密度 LPD 值不应超过规定标准，所以适应时间受到以上各种客观条件制约。因亮度变化的差异可以决定适应时间的长短，适应时间若过短，容易造成对该亮度水平的不适应而降低视觉功效。所以，各段适应时间应基于隧道建设客观条件，综合评估亮度水平、光源类别及个体状况等因素的影响。

三、隧道照明光源类别

在适应状态下，视网膜感光细胞在不同视觉环境条件下有不同的光谱响应。实验证明，在一般道路照明条件下，偏短波波长光谱更有利于提高视觉功效。对于白昼隧道照明来说，人眼适应很大程度上影响着驾驶员视觉功效，不同光源类别（光谱功率分布）对于视觉适应水平的影响显著。隧道照明建设当中所采用的光源色温范围较广，从热辐射光源（近全光谱）、气体放电光源到 LED 光源，不同的相关色温具有不同的光谱组成，光源类别对适应状态的影响显著。通过对我国各地隧道照明的实地调研，较多隧道采用多种光源照明，这是由工程实践中不同光源的效率所决定的，入口段需要较高亮度水平，一般采用光效较高的高压钠灯光源，而过渡段或中间段则多采用低压荧光灯光源或增大布灯间距的照明方式。

四、瞳孔变化与非视觉光生物效应（Cirtopic）

视觉适应的机制包括瞳孔大小的变化，视网膜光化学适应和神经的适应。由于瞳孔大小对光照的即时变化是一种神经反射，称为瞳孔对光反射 ❶，只能使进入眼球的光线有 10~20 倍的变化，对瞳孔的医学生理研究证明了单靠瞳孔大小的改变，远不足以使进入眼内的光量保持恒定。人眼在不同的亮度情况下靠视网膜中不同的感光细胞来接受光刺激，而锥状、杆状细胞的感光色素的合成取决于视网膜光化学适应过程时间，这个感光适应过程与影响生物节律状态的第三类感光细胞的作用是相互的。对于隧道白昼照明来说，驾驶员从接近洞口到进入隧道即进入了视觉适应状态，对个体的生理状态及视觉敏锐度产生影响的非视觉光生物效应也应作为隧道照明人眼适应模式的影响因素之一。

若要建立隧道过渡段照明计算模型，其中视觉功效应当采用探测率、识别度或反应时间等响应结果来衡量，而对于视觉适应水平则可采用适应时间长短（适应速度的快慢）进行描述，同时加入适应亮度、光源光色及驾驶员瞳孔变化参数的影响。假设隧道照明视觉适应条件下各影响参数与视觉功效可以用某一特定模型函数或函数模型组进行表达，则可以用来描述和计算隧道照明过渡段适应状态的关系模型（组）为：

---

❶ 徐蔚. 基于瞳孔收缩的非视觉感光系统的研究 [D]. 上海：复旦大学，2011.

$$T_a = f\left(L_a, T_c, A_p\right) \qquad (2-1)$$

式中：T_a——适应时间，反应适应水平的高低；

L_a——适应亮度，与适应时间对应；

T_c——光源色温；

A_p——瞳孔尺寸。

假设模型变量关系后，则可以有针对性地进行科学实验的设计和测试，并利用大量数据结果进行变量关系分析，进一步对模型进行评价及优化，使其满足隧道照明过渡段照明设计计算需求。

第五节 本章小结

本章通过剖析人眼视觉生理机制及暗适应过程，基于隧道行车的视觉环境特征，提出与过渡段照明视觉适应计算的相关影响因素。

（1）分析了人眼视觉暗适应产生的原因，确定了亮度因素对于隧道入口段及过渡段照明计算的主导作用，环境亮度不仅直接影响视觉可见度及敏锐度，驾驶员对亮度的适应状态也会对视觉功效水平产生影响。

（2）对色彩在视觉感知过程中的影响作用进行了分析，并基于影响适应水平的感光物质对光谱波长的选择性吸收和漂白的现象和原理，进一步肯定了光源光色对人眼适应过程的影响作用，把光色因素（一般以色温描述光源光色）作为过渡段视觉适应研究的关键点，也是视觉适应实验设计的创新点。

（3）非视觉光生物效应的第三种感光细胞与瞳孔大小及生物节律有直接和间接的关系，也说明了在视觉适应过程中，若以视觉水平（时间）为考察目标，非映像视觉效应对个体生理状态和视觉功效（视觉响应）的影响不能忽略，研究 Cirtopic 视觉中瞳孔尺寸与视觉适应亮度之间的关系是必要的。

（4）基于主要影响因素的确定，提出通过设计科学合理的实验研究，建立数学模型，并形成相应的设计计算方法，是本书研究成果可应用于隧道照明建设实践的重要内容。

第三章

隧道照明适应亮度实验研究

第一节　实验设计

公路隧道照明的目的是为驾驶员提供良好的视觉环境，从而提高行车安全性和交通运输效率，道路功能性照明关于中间视觉理论参数的研究 [1]，改进了以 1924 年 CIE 推荐 2° 视野非彩色明视觉光度学系统为基础的计算方法，使交通照明理论光度水平与实际需求更加接近。我国现行的《城市道路照明设计标准》和《公路隧道照明设计细则》中也均是以亮度（照度）标准作为照明质量的主要衡量指标 [2]。实验证明，照明环境的亮度水平直接影响视觉敏锐程度，近年来 CIE 及各国研究机构提出基于等效光幕亮度的研究，即眩光源光线入射到驾驶员眼内发生散射引起光幕亮度，降低驾驶员的视觉功效，使驾驶员感觉到的目标物与背景的亮度对比比实际更低，是对可见度是否达标的验证，等效光幕亮度也是由不同方位眩光源的亮度水平确定的，所以亮度是道路交通功能性照明研究的基础，是影响视觉功效水平的首要因素。对于隧道内部过渡段照明来说，人眼环境亮度变化过程中产生的视觉滞后现象是突出问题之一，所以除了研究人眼的即时响应，也需要考虑基于这种响应的视觉变化过程，即隧道照明复杂环境中人眼的适应状态。因此，了解掌握模拟隧道环境的亮度适应水平，对确定符合实际的过渡段照明设计计算方法是非常重要的。

一、实验研究方法

本研究的主要对象是因隧道内部亮度差异变化产生的视觉适应问题，过渡段作为入口段的延伸，也和白昼洞外环境情况相关。驾驶员在进入隧道前对洞外亮度充分适应，从接近洞口到进入隧道的瞬间，视为环境亮度的急剧变化，与洞外亮度、入口段亮度的差异相关；进入隧道开始则是过渡段承担主要的视觉适应任务，即由入口段到中间段的视觉环境变化，过渡段照明是隧道内视觉适应的关键环节，而衡量隧道照明质量的标准就是驾驶员视觉指标的综合效果，所以需要采用一种方法可以直接评价人眼在隧道照明环境下的视觉响应情况。

传统的人眼视觉的光度学评价方法很多，大多为通过设计实验直接或

❶ 杨春宇,胡英奎,陈仲林.用中间视觉理论研究道路照明节能 [J].照明工程学报,2008(4):44-47.
❷ 中华人民共和国行业标准.城市道路照明设计标准(CJJ 45—2015)[S].中华人民共和国交通部.

间接获得综合的光谱光视效率结果，如闪烁法、阈限法等，可统称为"基于被试者主观视觉匹配响应的一种正向研究模式"[1]。英格（Inging）[2] 等人通过分析一系列实验所获得的数据得知，人眼视觉获取外部信息可以简单地分解为两种信息通道，不同的通道具有各自不同的光谱、时间特性，分别为 magno 细胞（M 信道）和 parvo（P 信道），M 信道是非彩色的，P 信道则是有色信息通道。对于隧道内部照明环境来说，从入口段到中间段的亮度变化涵盖了明视觉、暗视觉及中间视觉定义的范畴，人眼为锥状、杆状感光细胞共同作用，同时带有彩色与非彩色感觉，这样对于异色视亮度匹配法来说，无法解决视觉效应的相加性问题，而闪烁光度法等纯灰度测试方法又没有考虑色彩及非色彩的共同作用。

美国国家标准机构和北美照明工程学会在 2000 年发布了道路照明实施标准 RP-8-00[3]，该标准推荐采用小目标物体可见度（STV）替代单纯的亮度、照度水平推荐标准，小目标可见度即多点可见度水平的加权平均对数值[4]，是由阈限对比实验中，利用被试者的响应结果来确定视觉亮度阈限值的，实验考虑了可能影响主体判断的主要因素。同样，CIE 在 88 号技术报告 2004 版推荐的入口段亮度计算 [（式 1-10）]，目标物的最小察觉亮度对比度是决定亮度水平的关键，而视觉亮度阈限的测定实际也是基于视觉功能的测试方法。

早在 1996 年，美国伦斯勒（Rensselaer）大学的何云剑（Yunjian He）等人就提出了采用反应时间来对中间视觉状态下的光效进行评价[5]，这一方法比视亮度评价法更加直观地反应了实际应用场所的视觉响应结果，CIE 也为此成立了专门技术委员会进行研究，2002 年赫登（Hurden）等把这种方法定义为视觉功效法（Performance-based method）[6]。现在，这种研究方法已经大量应用于各领域的研究，经实际验证，视觉功效法可以较好的解决因个体差异及综合环境因素造成的误差。同时，驾驶员在隧道行车过程中

❶ CIE Publication No.41: Light as a true visual quantity: principles of measurement, 1978.
❷ Yunjian He, Mark Rea, Andrew Bierman and John Bullough. Evaluating Light Source Efficacy Under Mesopic Conditions Using Reaction Times[R]. Lighting Research Center, Rensselaer Polytechnic Institute, Troy, NY 12180.
❸ ANSI/IESNA. RP-8-00. American National Standard Practice for Roadway Lighting [R].
❹ 翁季,胡英奎,应文 . 道路照明可见度计算模型研究 [J] . 中国科学:技术科学,2010,40(9):1014–1019.
❺ Yunjian He, Evaluating Light source Efficacy Under Mesopic Conditions Using Reaction Times[J]. Journal of the Illuminating Engineering society, 1997,26:125–138.
❻ Hurden A, Moorhead I, Ward P, et al. A Model for visual Performance at Mesopic Light Levels–Phase 2, Final report and Recommendations[M]. Cambridge: Scientific Generics Limited. 2002.

的视觉响应受到各种复杂环境因素的影响，采用视觉功效法可以直接评价不同个体在同一照明环境中的作业能力，并与实际复杂环境情况紧密结合，因此，采用视觉功效评价的实验方法进行适应亮度的研究是合理、科学的。

关于人眼视觉暗适应的研究测试，目前在相关领域都有各种成熟的方法或产品化的测试仪器，如眼科医学研究中的暗适应仪、半球形暗适应计等 ❶，大部分的测试装置主要针对人眼受光刺激发生不同程度的变化后，对目标物的认知或对环境光的察觉，并以此绘制出的相对亮度适应曲线（CIE暗适应曲线）。复旦大学林燕丹、季卓莺等人于 2006 年进行了关于中间视觉的暗适应时间与对比度阈值的实验，采用的是专门测量中间视觉功能的测量设备 Mesopotometer，也是以视标朗道尔环的识别正确率来确定适应时间与对比阈值之间的关系 ❷。而对隧道内部人工照明的适应问题来说，基于研究目标和群体的行为特点，应当选取和采用更适应于行车驾驶安全的视觉功效参数和实验测试方法。

如前所述，视觉功效法有多种衡量指标，包括差别阈限、视锐度（视力）、感知率及反应时间等，其中反应时间在心理学实验中是较早应用的标准。1873 年奥地利生物学家埃克斯纳（S.Exner）指明了被试者在反应时间的实验中"准备定势"的重要性，并首先提出了"反应时间"这个名词，反应时间的研究得到了深入的技术改进和广泛的实际应用。

从人眼知觉过程来说，可划分为纵览、发现、识别、鉴定和决定五个步骤，即起始观察者视野中的注意力为自由状态，发现目标物后，集中注意力去识别，之后做出决策，这一过程都可以用反应时间来描述，在《人类功效学照明术语标准》（GB 5697—85）中将反应时间定义为"从刺激开始到观察者做出反应的时间"❸。

隧道照明主要目的是保证行车安全、降低交通事故率，从影响驾驶行为的方面考虑，当驾驶员在隧道内视觉适应过程中发现异常状况时，作出制动的反应包括了知觉（反应时间）、移脚时间及汽车制动传递时间，如图 3-1 所示。

---

❶ 王育才,杨济芳,郑力新,等 . YA-2 型暗适应计的设计及应用 [J]. 营养学报,1984(1):79-84.
❷ 季卓莺,邵红,林燕丹 . 暗适应时间、背景亮度和眩光对人眼对比度阈值影响的探讨 [J]. 照明工程学报,2006(4):1-4,15.
❸ 中华人民共和国标准 . 人类功效学照明术语 [S]. 北京:中国标准出版社,1986.

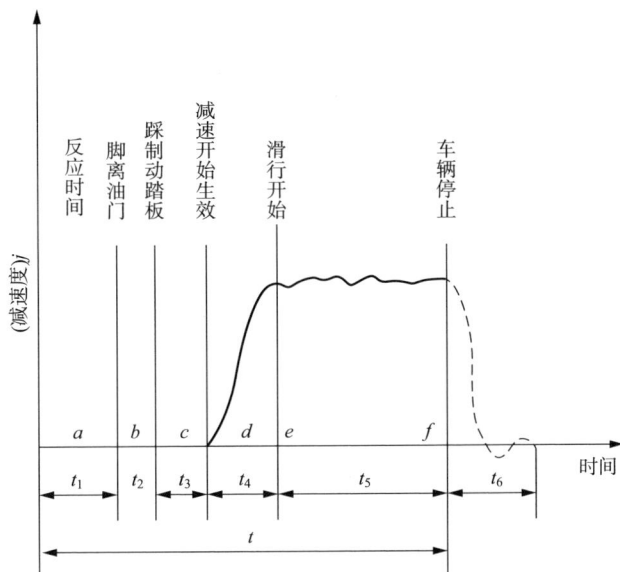

图 3-1　隧道行车反应时间组成 **❶**

其中个体生理差异及汽车机械方面的影响是客观存在的，驾驶员的反应时间虽不长（单位以毫秒计），但对高速行驶的汽车的交通安全性来说则影响很大，如表 3-1 所示 **❷**。

表 3-1　反应时间与交通事故发生的关系 **❸**

肇事次数	0~1	2~3	4~7	8~9	10~12	13~17
反应时间（s）	0.57	0.7	0.72	0.86	0.86	0.89

若响应时间为 0.66s 计，当车速为 80km/h 时，仅在驾驶员这个反应时间之内汽车就前进了 14m **❹**。驾驶员主观视觉发现障碍物时，观察距离应大于刹车需要的距离，其中刹车需要的距离包含视觉反应时间和汽车机械响应时间行驶的距离，普赖利斯（Plainis）等研究人员称为"思维距离"，还

❶ 陈仲林,杨春宇,翁季,等. 山区高速公路隧道节能型照明系统等效亮度研究与应用 [R]. 重庆：重庆大学建筑城规学院,2007.

❷ 李百川,殷国祥,苏如玉. 汽车驾驶员反应特性与交通事故关系的分析研究 [J]. 人类工效学,1995(2)：26–31.

❸ 同❷.

❹ 李百川. 汽车驾驶员适宜性检测及评价 [M]. 北京：人民交通出版社,2003.

包括汽车从一定行进速度降低到零的惯性距离❶，视觉反应时间是与主体因素密切相关的，所以，驾驶员发现障碍物时间的长短至关重要，"反应时间"是影响汽车行驶安全性的关键因素❷。

相关研究表明❸，非彩色的 M 信道对于时间和视野的改变较敏感，反应很快，也就是 M 信道与反应时间密切相关，因神经纤维直径越大，其传输速度就越快，所以亮度信息比色彩信息传递到人脑中枢的时间更短，按反应时间来定义隧道照明驾驶视觉行为的时候，大脑首先接受的是纯灰度信号（亮度），这样就解决了诸如相加性、视亮度匹配及颜色通道的影响❹，因此采用反应时间技术衡量和研究隧道适应问题是科学可行的。

反应时间测量试验中，速度和准确性是两个重要的变量，它们在数量上存在着一种互换关系，被称为"速度—准确性权衡"（Speed-Accuracy Trade-off），也就是若要准确地完成视觉任务，则需要花费相对更长的反应时间，这种现象反映了人的心理加工能力有限的特征，而通过相关的实验研究验证，速度和准确性是两个相对独立的因变量指标。在隧道照明环境中，正常行驶的视野状态是复杂且趋于恒定的，包括背景（路面、侧壁）及目标（正常行驶车辆等），而环境中对所有"异常状态"的察觉都可以看作发现"障碍物"的响应，一般不需要对"障碍物"的细节或其他特征进行准确辨别，所以可以确定响应"速度"即是本书实验设计中需要考量的主要指标。

在隧道行车当中，人眼的视觉始终处在一个动态的视野，此时对视觉功效的衡量应当加入环境的变化因素，并利用适合于隧道照明的反应时间进行描述，才能真正反映驾驶员在隧道内部行车时的视觉响应状态。

二、实验设计参数

（一）环境参数

在人工照明条件下，隧道内部影响驾驶员视觉响应的环境要素是复杂

---

❶ Antony Hurden, Dr Ian Moorhead, Dr Patrick Ward, Dr Julie Taylor. A model for visual performance at mesopic light levels[J]. Scientific Generics Limited. June, 2002：12–13.

❷ 王炜,过秀成. 交通工程学 [M]. 南京：东南大学出版社，2011.

❸ Yunjian He, Mark Rea, Andrew Bierman,et al. Evaluating Light Source Efficacy Under Mesopic Conditions Using Reaction Times[R]. Lighting Research Center, Rensselaer Polytechnic Institute, Troy, NY 12180.

❹ Yunjian He, Mark Rea, Andrew Bierman and John Bullough. Evaluating Light Source Efficacy Under Mesopic Conditions Using Reaction Times[R]. Lighting Research Center, Rensselaer Polytechnic Institute, Troy, NY 12180.

而综合的，驾驶员视野内的视觉作业是复杂而多变的（图3-2）。基于本书的研究对象和目标，应对影响隧道照明视觉适应的各要素进行分析，以在进行反应时间实验设计时确定所需呈现的主要影响参数，对模拟环境进行简化，以保证实验的可实现性（表3-2）。

图3-2 一般隧道照明车辆内部驾驶员侧视觉环境示意

表3-2 影响隧道照明适应要素分析表

类别	参数名称	分析说明
主观要素	驾驶员视觉生理情况	与视觉环境变化相关的要素如瞳孔变化等，与视力、年龄等相关
	视场角	与一般驾驶及视觉习惯等要素相关
	偏心度	
人工照明相关要素	对比度	目标亮度、背景亮度的关系
	光源参数	包括光谱、光度参数
	灯具布置及相关参数	直接影响隧道内部人工照明视觉环境的参数，包括亮度、照度水平、均匀度及环境亮度分布等
隧道客观要素	适应时间	与隧道分段长度及设计车速相关
	客观要素对车内驾驶的视觉修正	包括隧道内气体、车辆挡风玻璃的透射率
	道路情况	路面反射情况等
	隧道类型	单或双向行驶、隧道总长（与进入隧道前呈现黑洞、黑框等视觉特性相关）

类别	参数名称	分析说明
分析	主观要素	影响驾驶视觉的主观要素中，被试者的视觉生理状况是可以被修正的（年龄段选取、视力矫正等）
	人工照明	基于实验条件，对隧道中照明视觉环境进行模拟，还原相应的照明参数（光度、色度）
	隧道其他客观要素	考虑本课题的实验目标，适应时间，而视场角、偏心度等其他客观因素可以用最终呈现给被试者的实验视觉结果来描述

目前针对道路、隧道照明的反应时间实验研究多数考虑了诸如视场、偏心角、对比度等因素，以不同的照明环境下的响应水平来评价各种光源的效率。本书研究的对象为隧道内部（过渡段）照明的视觉适应问题，需要在人眼的视觉适应过程中，用适合于道路隧道照明的反应时间视觉功效法研究相应的适应亮度，因此最重要的是环境中光度参数的确定和选择，同时，考虑到参数的可控性及实验过程的可操作性，除人工照明以外的其他客观要素都可以作为确定的视觉环境要素进行呈现。

（二）实验光源及基本参数确定

基于本研究需要参照国内外隧道照明常用光源选型，同时考虑不同光源的总光通量、发光形制（面发光、体发光）及与实验光学系统的搭配效率有所不同，在实验前已经在测试观测箱内对所选定制光源进行了亮度的测试，分别采用不同的环境亮度参数调节范围，如表3–3、图3–3所示。

表 3–3　光源视觉实验光源参数取值

选取光源名称	标称功率（W）	标称色温（K）	测试初始及适应亮度调节范围（cd/m²）	备注
高压钠灯	150	2000	0.8~300	考虑测试设备中气体放电光源的互换性以及光源箱中的电气部分的可行性，气体放电光源均选用上海亚明产品
金卤灯 1	150	3000	1.6~600	
金卤灯 2	150	4000		
LED1	12	5000	0.24~48	LED 为针对实验特制光源，为保证足够的光通，采用 cree XP–G 灯珠
LED2	12	2500		
LED3	12	3500		

所选光源主要模拟隧道过渡段照明环境，通过电子快门及光学系统实现环境亮度的变化，对人眼视觉适应状态下的反应时间进行测试，被试者

视觉环境从亮变到暗，定义亮环境为初始亮度，暗环境为适应亮度。

对于实验亮度变化组合的选择，医学暗适应计一般采用等距跨度作为适应亮度的考察点，本实验主要考察的是隧道过渡段视觉适应中的适应亮度，在实际隧道照明工程中，过渡段照明环境多是按照亮度分级变化的方式实现的。因此，参照《公路隧道照明设计细则》中关于过渡段的阶段式亮度计算方法，在各实验光源确定的亮度调节范围内，定义初始亮度按照3∶1逐级取值，同时考虑绘制暗适应亮度曲线的需要，参照暗适应测试仪器实验，按照跨度比例，分别与适应亮度（暗背景）形成由大到小不同的组合变化 [1]（表3-4）。

图3-3　视觉适应实验选取采用的标准及定制光源

表3-4　同种光源实验中各光源初始亮度及适应亮度取值

亮度（cd/m²）　　光源	组合1		组合2		组合3		组合4		组合5		组合6		组合7	
HPS	300	7.2	100	7.2	33	7.2	11	7.2	21.6	7.2	7.2	2.4	2.4	0.8
MH1	600	14.4	200	14.4	66	14.4	22	14.4	43.2	14.4	14.4	4.8	4.8	1.6
MH2														
LED1	48	2.2	16	2.2	5.33	2.2	—		6.6	2.2	2.2	0.73	0.73	0.24
LED2	30	1.4	10	1.4	3.3	1.4	—		4.2	1.4	1.4	0.47	0.47	0.16
LED3	36	1.6	12	1.6	4	1.6	—		4.8	1.6	1.6	0.53	0.53	0.18

关于适应时间的确定，在正式实验开始前，首先针对某两位标准被试者（视力标准、生理状况一致）在所有实验光源条件下进行了预测试。参照传统暗适应测试，从最小适应时间开始分别为5s、10s、15s、20s、30s、40s、60s的组别，每位被试者反复测试2次以上，通过实际数据反馈及被试者感受。在确定的实验参数条件下，适应时间高于30s时，反应时间几乎不再下降，在实验环境下继续增加视觉适应时间，较多被试者出现眼部疲劳、注意力不集中的情况，预测试数据容易出现较大差异。同时，基于CIE

---

[1] 王育才,杨济芳,郑力新,等. YA-2型暗适应计的设计及应用 [J]. 营养学报,1984(1)：79-84.

研究报告及相关标准中隧道过渡段长度及适应时间的实际情况，最后确定实验适应时间取值范围为 5~30s。

考虑一般机动车驾驶员群体的实际情况，被试对象年龄阶段选择在20~30 岁。由前述反应时间实验变量的关系分析可知，"察觉—反应"的速度是需要考察的主要对象，也是与隧道行车密切相关的功效因素，所以每一位被试者均要求达到正常的裸眼或纠正后视力。

三、实验装置

（一）自制反应时间测量系统

反应时间测试仪为自行研发制造的实验装置，并针对视觉适应研究做了专门的设计，主要包括了灯箱、测试箱体、光学系统及电子控制部分（图 3-4）。

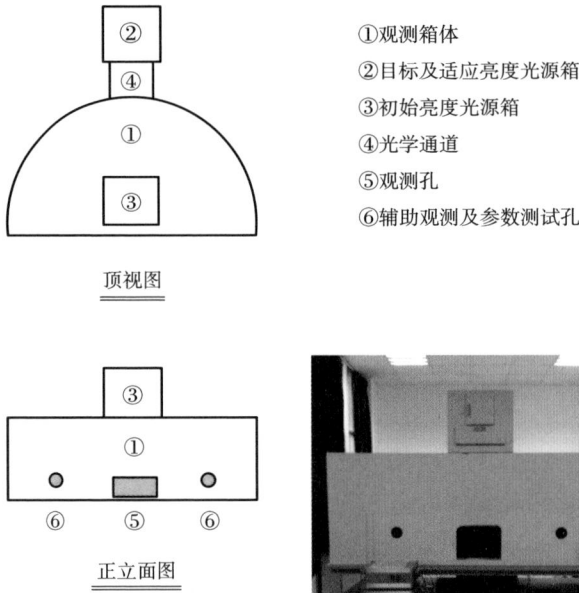

①观测箱体
②目标及适应亮度光源箱
③初始亮度光源箱
④光学通道
⑤观测孔
⑥辅助观测及参数测试孔

顶视图

正立面图

图 3-4　反应时间测试仪观测箱示意简图

测试箱体为被试者观察视线的主要承载体，内壁涂敷高反射比漫反射材料，通过光学系统使得视觉背景达到一定均匀度，以模拟隧道照明情况。箱体正面有两个开孔，分别为测试记录人员观察孔以及数据测试孔，顶部及后方则为不同光源（模拟不同背景亮度需要）的光学通道。

（二）电子控制台

电子控制台是由电子阀门控制继电器动作，实现不同亮度背景（光源）之间的切换，通过编程可直接在控制台面板进行时间预设，同时以 USB 接口实现测试时间数据与眼动仪记录的同步，是实验开始的控制终端。

（三）光学部分

光学部分为针对不同实验光源进行光采集、传导的通道，包括目标、适应亮度及初始亮度光源，并通过滤镜、挡板及遮光罩等手段进行亮度调节（图 3-5）。

图 3-5　反应时间测试仪光学部分

图 3-6　BM-5 数字色度亮度计

（四）BM-5 数字色度亮度计

BM-5 数字色度亮度计由日本 TOPCON 公司生产，具有 0.1°、0.2°、1°、2° 测量角和较高的测量精度，其亮度测量范围为：$0.0001 \sim 1200000 cd/m^2$，同时可方便测定光源色温、各类反射材料的色坐标及亮度值。实验中主要用于标定不同背景的亮度值，以便视觉适应系统针对各背景亮度测试的需要进行调整，同时可对不同光源背景的色坐标参数进行实测，并可根据黑体轨迹等温线的色品坐标表[1]，利用内插法求得色温，从而对选定光源标称色温进行标定（图 3-6）。

四、实验步骤

（一）实验平面布局设计

所有试验设备均布设于实验暗室中，被试人员正坐于观测箱前方，同时佩戴眼动议记录装置，测试时被试人员脸部贴近测试口，以保证适应视野，实验人员位于主控台及记录终端旁进行流程的控制和操作（图 3-7）。

---

[1] 代彩红,于家琳.光源相关色温计算方法的讨论 [J].计量学报,2000(3):183-188.

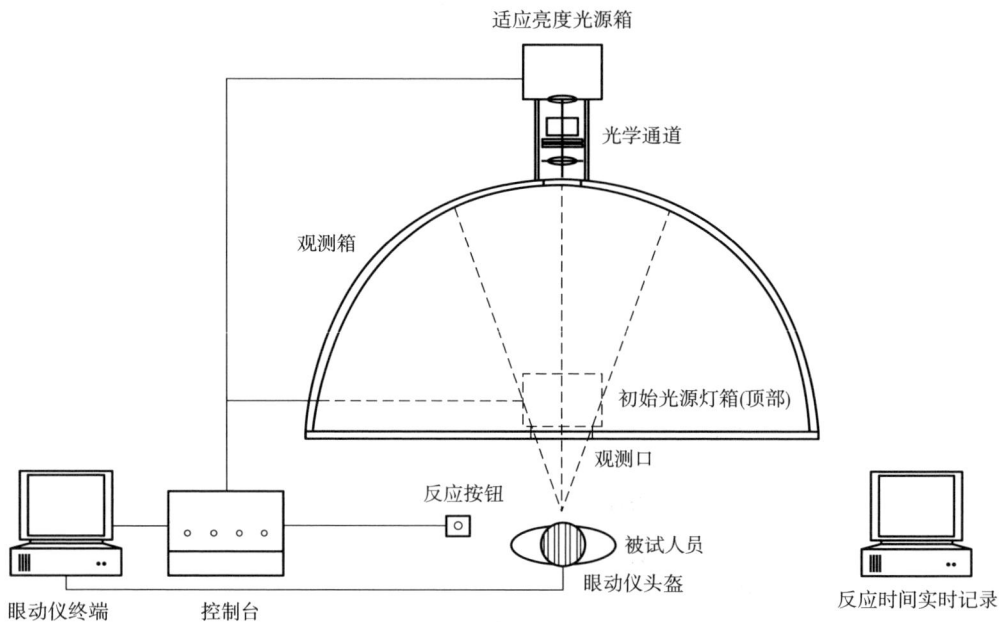

图 3-7 人眼适应反应时间实验平面布局示意

（二）操作步骤及内容

实验在标准光学暗室中进行，测试同种光源照明条件下，人眼在不同适应状态的反应时间，并据此获得适合于隧道照明过渡段视觉功效的适应时间及相对应的适应亮度，实验主要步骤如下（图 3-8）。

（1）实验开始前。观察者以自然的、较为舒适的姿势正坐于反应时间装置前，头部固定，佩戴眼动仪头盔（为瞳孔数据收集），并进行相应的仪器参数校准。

（2）首先出现初始亮度（亮背景）。照明是由初始亮度光源箱（顶部灯箱）提供，亮度根据所确定的不同光源取值范围进行预设，并采用 BM-5 亮度计进行标定，然后观测者开始以充足的时间进行初始亮度的适应（大于 30s）。❶

（3）在被试者达到初始亮度的完全适应状态后。通过电子控制台，切换至适应亮度（暗背景），由适应亮度光源箱（正后方灯箱）提供照明，当预设的适应时间结束后目标物立即出现，被试者看到目标后立刻按反应按

---

❶ 杜志刚,潘晓东,郭雪斌.高速公路隧道进出口视觉适应实验 [J].哈尔滨工业大学学报,2007(12): 1998-2001.

钮，系统记录反应时间，同时把反应时间结果直观显示于控制台 LED 显示屏上，并把结果保存于后台"隧道照明反应时间测量系统"软件，操作人员同时也作反应时间记录，以方便对记录结果进行校对，同时系统复位，在取值范围内改变适应时间，继续进行实验。

（4）自目标出现开始。眼动仪记录终端自动记录人眼瞳孔状态，直至被试按下反应按钮，各条记录通过后台与反应时间数据达到同步。

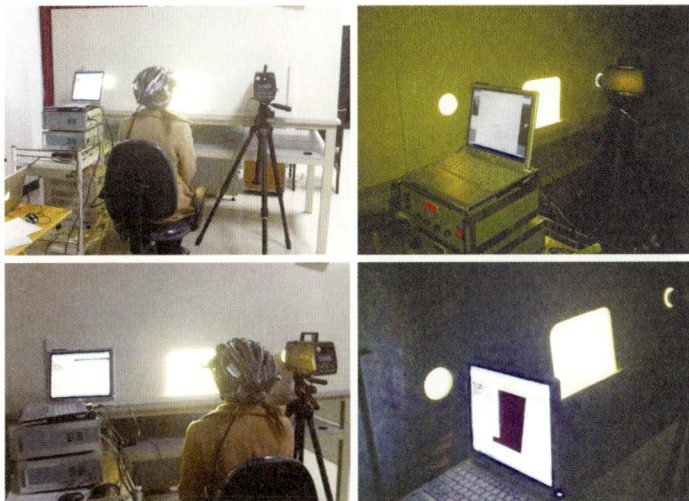

图 3-8　人眼适应反应时间实验测试现场

第二节　实验结果

实验总共选取 5 名被试者，在同种光源的视觉适应实验中，测试亮度变化组约为 7 组，每组数据测试三次，总共 6 组光源，对于同一光源的配搭来说，每位被试者约有 650 组数据。

一、实验误差控制

实验系统测得的直接数据结果是反应时间，所以必须保证测试仪器的精度，使测试数据能够具有科学性和真实性。在进行实验前，对测试仪器箱体的内壁进行了检查，保证漫射光的均匀性，并对于辅助测试仪器及被测光源的标称光电参数进行了校准，包括总光通、色温等。在测量前，还对所选被试者进行了预测试练习，目的是熟悉测试环境及实验步骤，并保证被试者的生理和心理状态的稳定。实验操作人员在设置参数时，与被试者形成完全的信息隔离，以避免产生对被试人员的暗示。每一次测试前，都需要留有充足的视看时间，以保证被试对当前初始亮度水平的完全适应，从各个方面最大程度地减小实验中的可预见误差。

二、反应时间数据处理

适应亮度实验参考了相关标准规范并对全国多条高速隧道进行了实地调研，选取了目前三种常用的隧道照明光源进行测试，包括高压钠灯、金卤灯以及新一代照明光源 LED。实验根据每种光源不同的光电参数特点，确定了不同的亮度取值范围，通过亮度变化测得不同适应时间所对应的反应时间值。

以被试者 001PBB 的数据为例，高压钠灯照明条件下测试的结果如表 3–5 所示，对于表中每组亮度变化，采用三次测值的平均值作为不同适应时间的反应时间值。从测试结果可以看出，对于同一环境亮度水平，人眼适应时间直接影响了反应时间，说明在模拟隧道照明视觉适应模式中，不仅要考虑环境亮度的作用，也需要考虑适应状态对视觉功效水平的影响。

在传统暗适应测试中，一般以被试者刚好可以察觉或正确识别目标作为某一亮度水平适应状态的描述 [1]，本实验与传统暗适应实验的最大区别在于对隧道照明实际情况的模拟，并以驾驶员的视觉功效作为实验测试对象，采用反应时间来确定相应亮度水平的适应时间。

同一亮度水平条件下，随着适应时间的增加，反应时间水平也发生相应的变化，理论上应是以获得最小反应时间来判断是否达到了完全适应状态。在进行数据处理时，为了增加结果的可信度，不能只以反应时间开始增大作为最小反应时间出现的依据，如表 3–5 所示，对 $300 \sim 7.2 \mathrm{cd/m^2}$ 的亮度变化，适应时间 20s 时出现的 234ms 的反应时间，比 15s 时测值 230ms 略大，此时需要考虑测值的变化是否与被试者生理、心理状态及实验环境中其他不确定因素相关，数据在 30s 时又出现了明显下降，基于预测试确定

---

[1] 王育才,杨济芳,郑力新,等.YA–2 型暗适应计的设计及应用 [J].营养学报,1984(1):79–84.

表 3-5　被试 001 高压钠灯反应时间测试数据

适应亮度（cd/m²）	300	7.2	100	7.2	33	7.2	11	7.2	21.6	7.2	7.2	2.4	2.4	0.8
5s	216	222	221	299	202	203	272	393	191	207	222	230	214	213
	372	270	230	250	226	210	195	287	264	220.6666667	227	226.3333333	242	223
10s	209	219	303	246	228	208	214	173	217	186	231	232	201	235
	331	253	189	246	188	205	177	213.3333333	256	224.6666667	211	210.3333333	195	210.3333333
15s	211	279	291	204	192	258	173	214	217	186	283	210	192	241
	200	230	172	222.3333333	181	221	181	196	226	199.3333333	179	200.3333333	235	222.6666667
20s	246	212	248	170	181	186	265	188	226	256	283	179	248	212
	234	244	209	220	197	178	214	216.3333333	244	219.6666667	234	236	234	213.6666667
30s	197	197	209	188	197	186	187	188	256	244	234	232	248	216
	197	202	209	195.6666667	187	190	212	225.6666667	226	215	179	215	184	216

HPS 适应反应时间 PBB

的适应时间范围，可以判断对于该适应亮度来说，5~30s 的适应时间内是视觉功效逐渐提高的过程，30s 则是 001 号被试者对该亮度变化的适应时间，按照这种处理方法，可以获得各被试者在每种光源照明条件下，不同亮度水平的适应时间。

第三节　反应时间测试结果分析

实验的适应时间预设参照了 CIE 报告文件、国内外相关规范及标准暗适应曲线适应时间的取值范围，表 3-6 是各被试者对不同适应亮度的平均反应时间，可以看出对应相同的预设适应时间，不同光源的反应时间整体水平及变化趋势存在差异。

目前国内外针对道路交通照明光源效率的研究成果表明，在中间视觉条件下，金卤灯光源比高压钠灯更有利于驾驶员的视觉响应，可以获得更高的视觉可见度，但这仅是以一般道路照明环境及人眼完全适应照明水平为前提（不考虑适应状态），在这种情况下，若仅以反应时间作为衡量指标，则金卤灯优于高压钠灯，而隧道行车环境与道路照明有明显的区别，亮度水平涵盖了明视觉的范畴，同时需要考虑封闭空间环境亮度变化所带来的视觉适应问题。现有隧道照明的研究主要针对某一视觉环境条件下（背景亮度、对比度、偏心角、视场角等）的视觉功效水平，是假设人眼达到一定适应水平后用反应时间描述的结果，本实验则是以视觉适应为基本条件进行的测试。

在表 3-6 中，高压钠灯在与金卤灯相近的亮度取值范围内，反应时间水平仍比金卤灯低，差值在 100ms 以内，与 LED 光源反应时间整体水平接近，参考目前利用反应时间法研究道路照明光源研究成果，金卤灯比高压钠灯在相同的视觉测试条件下具有更高的视觉功效，因亮度水平及视觉对比度的不同，反应时间差值在 30~200ms 范围内变化[1]。如前所述，本实验的参数设定、流程模式与传统反应时间研究方法不同，之所以出现反应时间结果的差异，是由实验研究对象和方法不同造成的，是光源在人眼完全适应状态与适应中视觉功效水平的区别，因此，反应时间实验数据不是对原

❶ 刘英婴. 用反应时间研究道路照明光源的相对光效 [D]. 重庆:重庆大学,2006.

表3-6 实验光源各被试反应时间 TR 均值表

高压钠灯 亮度跨度（cd/m²）	高压钠灯 反应时间TR（ms）	金卤灯3000K 亮度跨度（cd/m²）	金卤灯3000K 反应时间TR（ms）	金卤灯4000K 亮度跨度（cd/m²）	金卤灯4000K 反应时间TR（ms）	LED5000K 亮度跨度（cd/m²）	LED5000K 反应时间TR（ms）	LED2500K 亮度跨度（cd/m²）	LED2500K 反应时间TR（ms）	LED3500K 亮度跨度（cd/m²）	LED3500K 反应时间TR（ms）
300~7.2	267.2	600~14.4	316.8	600~14.4	278	48~2.2	260.6	30~1.4	242.8	36~1.6	267.2
	249.8		295.2		249.6		217.8		225.6		237.2
	238.8		260.8		244.8		201.8		221.2		228.8
	240		278		240.8		204.2		220.4		230.2
	228.6		285.4		234.6		243.4		237.2		232.4
100~7.2	266.2	200~14.4	322.4	200~14.4	279.2	16~2.2	272.6	10~1.4	259	12~1.6	255.4
	262.8		275.8		245.8		222.6		238.4		244
	248.4		275		230.4		212		227.8		237.4
	241.6		262.4		230.6		236.2		246.6		252
	243.4		255		234		253.6		251.4		247
33~7.2	295.4	66~14.4	284.6	66~14.4	278	6.6~2.2	282.8	4.2~1.4	274.6	4.8~1.6	269.8
	266.4		272.4		242		255.8		255		239.8
	274		266		239		230.2		233.6		228.6
	271.2		269.8		235.6		271.4		271.2		229.8
	251.8		264		226.6		267.4		250.6		247.4
21.6~7.2	281.2	43.2~14.4	292.2	43.2~14.4	303.2	5.33~2.2	261	3.3~1.4	262	4~1.6	256.4
	256.2		275.4		260.4		231.8		240.8		238.2
	260.2		268.8		250.8		204		229.2		225.6

高压钠灯		金卤灯3000K		金卤灯4000K		LED5000K		LED2500K		LED3500K	
亮度跨度（cd/m²）	反应时间 TR（ms）	亮度跨度（cd/m²）	反应时间 TR（ms）	亮度跨度（cd/m²）	反应时间 TR（ms）	亮度跨度（cd/m²）	反应时间 TR（ms）	亮度跨度（cd/m²）	反应时间 TR（ms）	亮度跨度（cd/m²）	反应时间 TR（ms）
21.6~7.2	239.8	43.2~14.4	267.4	43.2~14.4	256.6	5.33~2.2	219.2	3.3~1.4	247.8	4~1.6	238
	254.2		286.6		257.2		239.4		266.4		280.8
	280.6		297.6		299		280.2		253		256.8
	236.8		271.4		269		257.2		222.8		232.6
11~7.2	247.4	22~14.4	271.4	22~14.4	266.8	2.2~0.73	265	1.4~0.47	242.8	1.6~0.53	245.4
	249.6		261.8		261.4		239.6		260.6		251
	247.6		274		274.2		244.6		226.4		247.2
	268.8		281		288.8		263.2		233.8		250.4
7.2~2.4	223.2	14.4~4.8	241.4	14.4~4.8	247.4	0.73~0.24	247.4	0.47~0.16	220.8	0.53~0.18	224.8
	238.8		244.8		241.6		255.2		239.8		234.8
	257		262.2		250		248.2		231.2		257
	239.4		267.2		264.8		250.4		239.6		248.2
2.4~0.8	265.6	4.8~1.6	258.8	4.8~1.6	260.6	—	—	—	—	—	—
	235.6		252.6		249.8						
	235		255		248						
	262.2		259.2		252.6						
	233.8		273.2		250.6						
备注	适应时间最小变化单位为5s，每组亮度变化对应取值分别为5s/10s/15s/20s/30s										

有研究成果的否定，而是对隧道照明人眼适应的视觉功效研究的补充。

利用不同适应水平的反应时间测试结果，可确定在加入适应条件后视觉功效发生的变化，仅采用道路照明光源效率研究结果作为隧道照明光源的选择依据显然是不适合的，如高压钠灯光源在隧道照明中的实际效能，应该加入视觉适应的影响进行修正。当然，根据相关的研究方法，反应时间实验结果最终还是应当转化为对适应状态的直接描述，以数学模型或推荐参数的方式进行修正。

第四节　适应时间测试结果分析

CIE 的暗适应曲线是以所有标准被试者的综合测试数据为基础进行描述的，对于实验选取的三类共六种光源，利用对反应时间数据的分析确定了不同亮度水平对应的适应时间，综合 5 名被试者的数据，可以获得在所选择亮度范围内的平均适应时间，如表 3-7 所示。

表 3-7　基于反应时间法的不同光源的适应时间数据

HPS		MH3000K		MH4000K		LED5000K		LED2500K		LED3500K	
亮度	适应时间	亮度	适应时间	亮度	适应时间	亮度	适应时间	亮度	适应时间	亮度	适应时间
300	0	600	0	600	0	—	—	—	—	—	—
100	2	200	1	200	3	48	0	30	0	36	0
33	3	66	3	66	5	16	1	10	1	12	4
21.6	5	43.2	5	43.2	8	6.6	2	4.2	6	4.8	5
11	7	22	6	22	9	5.33	3	3.3	7	4	6
7.2	25	14.4	21	14.4	27	2.2	18	1.4	21	1.6	21
2.4	42	4.8	36	4.8	44	0.73	41	0.47	37	0.53	39
0.8	58	1.6	49	1.6	59	0.24	63	0.16	51	0.18	52

把所有被试者的测试数据进行处理，获得对应某一亮度的 225 组平均反应时间，再通过专业的数据统计分析软件，对反应时间与适应时间进行

皮尔森相关性检验 ❶，从表 3-8 的分析结果中，可以看到相关系数为 –0.221，相应的显著性（双侧）值为 0.000，表示该结果在 99% 的水平上是显著的，由此可以确定适应时间与反应时间之间整体上存在负相关性，再次证明了用反应时间衡量适应时间是可行、科学的，同时说明了人眼视觉适应水平可以影响反应时间的长短，视觉越接近完全适应的状态，反应时间整体水平越低。

表 3-8　平均反应时间与相应适应时间之间的相关性统计分析

一		适应时间	反应时间
适应时间	Pearson 相关性	1	–0.221**
	显著性（双侧）		0.000
	N	255	255
反应时间	Pearson 相关性	–0.221**	1
	显著性（双侧）	0.000	
	N	255	255

** 在 0.01 水平（双侧）上显著相关。

　　把适应亮度对应的适应时间数据描绘为折线图，可以看出每种光源因为光通量、光谱功率分布及色温不同，在相同测试条件及亮度范围内，获得的适应时间数据也有明显的区别和变化（图 3-9~ 图 3-14）。

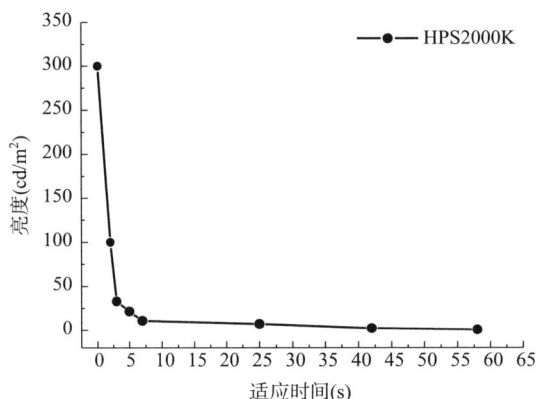

图 3-9　高压钠灯 HPS 测试亮度范围的适应时间

❶ 朱帮助. 统计学：原理、方法与 SPSS 应用 [M]. 北京：科学出版社，2010.

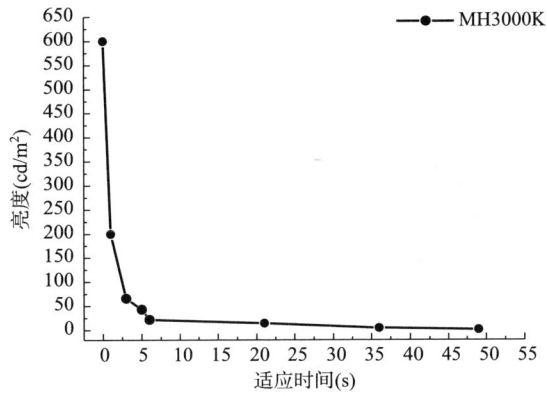

图 3-10　金卤灯 3000K 测试亮度范围的适应时间

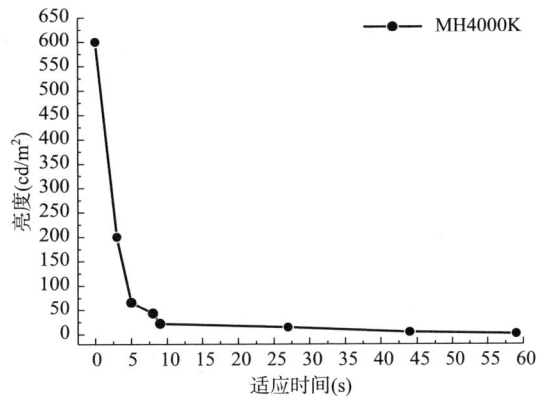

图 3-11　金卤灯 4000K 测试亮度范围的适应时间

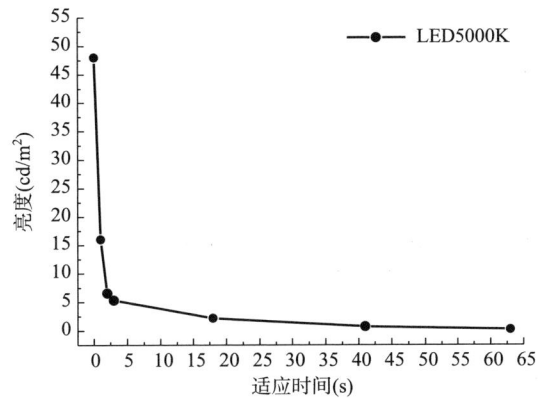

图 3-12　LED 灯 5000K 测试亮度范围的适应时间

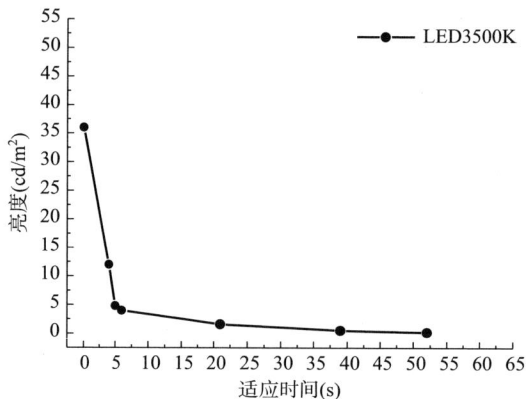

图 3-13　LED 灯 3500K 测试亮度范围的适应时间

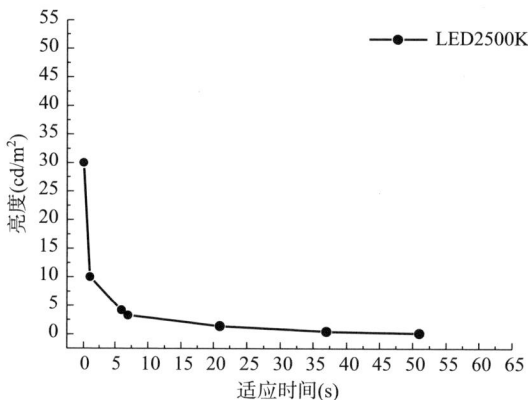

图 3-14　LED 灯 2500K 测试亮度范围的适应时间

对于获得的适应亮度水平与适应时间，同样进行了相关性检验分析，如表 3-9 所示，相关系数为 –0.35，相应的显著性（双侧）值为 0.019，表示该结果在 95% 的水平上是显著的，且亮度水平与适应时间之间存在负相关性。

表 3-9　亮度水平与相应适应时间之间的相关性统计分析

相关性			
		亮度水平	适应时间
亮度水平	Pearson 相关性	1	−0.350*
亮度水平	显著性（双侧）		0.019
	N	45	45

相关性			
		亮度水平	适应时间
适应时间	Pearson 相关性	−0.350*	1
	显著性（双侧）	0.019	
	N	45	45

注：* 在 0.05 水平（双侧）上显著相关。

对亮度水平与适应时间同时进行了方差分析，从输出结果中可以看到，显著性值为 0.042，结果表明，在 95% 的置信水平上是统计显著的，即对应变化的适应亮度水平不同，所需要的适应时间是显著不同的（表 3-10）。

表 3-10　亮度水平与相应适应时间之间的方差分析

适应时间					
	平方和	df	均方	F	显著性
组间	15865.978	34	466.646	2.818	0.042
组内	1655.667	10	165.567		
总数	17521.644	44			

从各种光源的适应时间数据可以看出，不同的光谱组成导致了适应水平的明显差异，即使对于同一类光源来说，因色温的不同而适应水平的变化也有所区别，适应亮度水平随着适应时间的增加呈现不同程度的下降趋势。

（1）在相同的亮度变化范围内，MH3000K 适应时间相对 MH4000K 略快，在最初的 10s 是适应水平提高的关键。

（2）对于 LED 光源来说，除 3500K 光源在 $10cd/m^2$ 的亮度水平下出现适应时间的突然增幅，其他色温的 LED 光源适应水平数据差异不大，2500K 光源初始的适应时间相对 3500K、5000K 光源有微弱减少，当达到稳定下降的阶段，则 5000K 光源相对适应时间较长。

（3）对于同种光源来说，数据折线的基本走势相同，而气体放电光源（HPS、MH）与固态发光光源（LED）的数据分布、变化趋势有较为明显的区别，同种光源存在色温的差异，低色温光源具有更快的适应时间。

（4）综合评价各种隧道照明光源的亮度适应数据，可以较为明晰地分析同类或不同光源之间适应状态的变化特征，如图 3-15 所示。

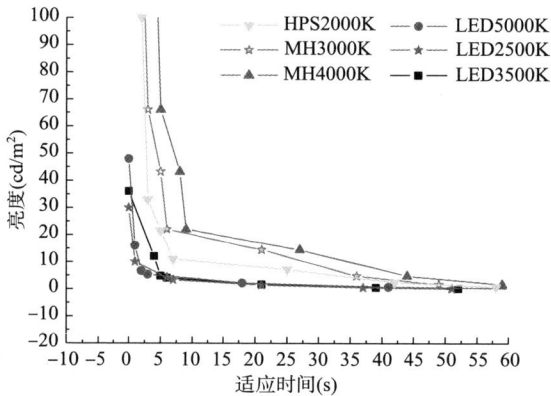

图 3-15　各光源的亮度适应数据比较

图中可以直观地看出，不同光源的适应水平变化呈现出的不同趋势，在相同适应亮度范围内，高压钠灯的适应水平并不低于金卤灯光源，且高压钠灯、金卤灯在最初的 10s 适应时间内为适应水平迅速上升的关键部分，而 LED 则在开始 20s 范围内适应水平有明显的上升。对应相同适应亮度水平，LED 达到完全适应状态所需要的时间最多可以比气体放电光源快 10~15s。

光源影响视觉功效的关键要素即光度、色度（由光通量、配光、光谱功率分布所确定），实验结果进一步肯定了环境照明亮度的变化是影响隧道内部（过渡段）人眼视觉适应水平的重要因素，而光源类别、色度参数则可以影响和确定不同视觉适应曲线走向以及变化规律，同样是本书需要深入研究的对象。

第五节　本章小结

利用反应时间实验方法获得各适应亮度水平对应的适应时间，是基于隧道照明视觉功效特点而提出的科学、可行的方法，也是本章研究的创新之处和课题的重点研究内容。实验结果可为研究人工照明光源对过渡段适应状态的影响提供可靠依据，也从更接近实践的角度描述了隧道内部产生的视觉适应现象与光源照明功效之间的关系。

进行隧道照明过渡段亮度适应实验时，最关键的是要确定实验的控制参数及其变化范围，由于各种光源的光电参数差别较大，且初始亮度及适应亮度变化的实现需要灯箱内光源具有可替换性，除了考虑设计实验的可实现性，还须根据本书研究内容，考虑隧道照明过渡段的光度参数范围，增加实验光源的定制难度。适应亮度与传统的反应时间实验研究的最大不同，是课题的实验方法需要背景亮度变化及不同的适应时间，这也导致测试时比已有的反应时间实验研究方法多耗费几倍以上的时间，因此对被试者的操作、个人状态等主观因素都需要在实验中随时进行监控和调整，一定程度上增加了实验的整体难度。

（1）实验获得了常用隧道光源照明条件下，不同亮度水平对应的反应时间值，测试结果说明：人眼的视觉适应状态的确能够影响衡量隧道照明的主要视觉功效因素——"反应时间"，也可以反映出不同光源对于适应水平的贡献差异。

（2）通过实验证明，若不考虑过渡段对人眼适应的辅助作用，根据被试者的个体状态不同（合成视紫红质与个人生理状态相关），同一光源照明条件下，有适应过渡与无适应过渡相比，反应时间差值范围在 100~200ms，肯定了过渡段人工照明对提升隧道交通安全的意义。

（3）实验结果说明了不同光源或同种光源不同色温之间的测试数据有所区别，光源光谱功率分布及色度参数会对人眼适应状态产生影响，也证明了基于单一暗适应曲线计算隧道过渡段适应状态存在不合理性。

第四章

光源色温对视觉适应影响的计算机模拟研究

在过去对道路交通照明视觉功效研究中，亮度及亮度对比是作为判定、识别对象的主要影响因素，亮度水平的高低直接影响人眼的视觉敏锐度，决定了反应时间水平，即在明视觉、暗视觉或中间视觉条件下，光源光色因素已经被转化为不同视觉条件下因光谱分布不同而带来的明亮刺激感受的差别。亮度对比度同样是影响视觉识别和响应的主要因素，光源光色的作用被认为是非常次要的，虽然近来已经开始有针对不同类别光源的视觉功效水平的研究，但基本是针对道路照明范畴，在完全适应的亮度水平条件下进行的，缺乏针对隧道照明研究的相关成果。

在完全暗视觉的条件下，人眼可以感知物体的灰度，随着环境亮度的提高，除了可以接收光线的明暗刺激，还能够感受色彩的变化。现有道路交通照明的大量研究结果表明，相比可直接影响可见度水平的亮度因素，光源色温对视觉功效水平仍有一定的作用，基于本书实验室测试结果，证明了处于视觉适应过程中时，光源光谱分布及色温的差异对视觉功效水平的作用。

对于道路交通照明来说，反应时间是最重要的衡量指标，其利用灰度信号传递更快的原理规避了色彩信号的影响，较好地描述了驾驶员视觉功效的同时，解决了相加性、亮度匹配等问题。在隧道照明研究领域，重庆大学陈仲林、崔璐璐等研究了光源光色与隧道行车安全的问题，主要是利用两种不同的隧道照明光源，考察相同光度条件下，不同环境及目标色彩因素对反应时间的影响 ❶，结果表明目标颜色的改变及照明光源色温的不同，将会出现不同的反应时间渐变规律，但研究没有涉及隧道中视觉适应的问题。

光源类别、色温对于隧道过渡段视觉适应水平的影响是不可忽视的，行车从洞外进入洞内的亮度强烈变化是暗适应的开始，而在洞内的视觉适应（过渡段）则是逐步提升的过程，也是杆状细胞感光色素的合成的过程。从暗适应过程的原理分析，具有不同光谱功率分布的光刺激对人眼感光色素的作用是不同的，偏红的长波光几乎不产生分解的效应，光源光色因素对过渡段视觉适应的影响，目前还没有相关的研究，因此，有必要借鉴适应亮度的实验测试方法，有针对性的研究光源色温与视觉适应的关系。

---

❶ 崔璐璐,陈仲林,殷颖.隧道照明安全与光源光色研究 [J].照明工程学报,2009(2):24-29.

第一节　色温对视觉适应影响的实验研究

在隧道照明实际工程应用当中，色温是用来描述光源色表的一个重要且常用的参数，在适应亮度的实验研究中，基于隧道照明实践，选用了常用照明光源作为研究对象，因各光源光谱功率分布不同而存在色温的差异，反应时间结果也体现出一定的变化，为了更加深入地分析和了解隧道内部照明环境中光源色温与视觉适应的关系，本书研究设计了一种利用计算机视觉终端进行隧道环境视觉模拟的实验方法，其最大的优势是可以方便地对光度、色度进行输出调控，减少因为客观条件限制对实验参数实现的影响。

一、研究方法

利用各种视觉终端进行视觉评价已经被广泛应用于各种心理学及视觉科学的研究中，如欧盟中间视觉模式研究"MOVE"采用了环绕显示设备模拟行车视觉，日本京都大学学者石田（Ishida）等人利用 CRT 显示屏考察亮度分布对视觉适应的影响 ❶，同济大学杨公侠教授采用各种视觉终端结合语意差别量法进行主观视觉评价 ❷，天津大学博士论文研究当中采用计算机模拟人工光环境方式进行色光情感评价实验 ❸，重庆大学陈仲林、杨春宇等学者利用视觉终端评价主观亮度、视觉阈限及可见度等 ❹。所以，选择计算机视觉终端进行视觉适应光色因素的评价和研究是科学可行的。

考虑过渡段照明的实际情况，不同的亮度分布、光源色温的体现和隧道内部不同的空间表面光学特性有关，所以采用计算机模拟的方法应尽可能在视觉终端简化表现隧道内部照明的视觉环境，并尝试考虑行车的动态因素。

模拟实验是为了研究光源色温对过渡段视觉适应的影响，因此仍采用反应时间作为测试对象，基本原理与实验室测试相同，但在利用视觉终端呈现的环境亮度变化过程中，是以色温作为主要变量考察相应的视觉功效变化。

❶ Koji Iriyama,Taiichiro Ishida.Ralation between luminance distribution of surround visual field and constrast threshold [C].Proceedings of Annual Conference of the Illuminating Engineering Institute of Japan, 2002(35):138.

❷ 郝洛西,杨公侠. 关于购物环境视觉诱目性的主观评价研究 [J]. 同济大学学报(自然科学版), 1998(5):585–589.

❸ 肖宏俊,等. 景观照明中色光情感定量化实验研究 [D]. 天津:天津大学,2008.

❹ 杨春宇,陈仲林,黄彦. 建筑立面泛光照明亮度主观量因素评价研究 [J]. 照明工程学报,2005(2):15–17, 21.

二、实验设计

计算机模拟实验系统主要包含视觉终端、控制及响应输入端三个部分，其中最核心的关键部分即后台控制程序，主要负责把各种预设参数转化为图像信息的处理，并在终端显示信息的动态变化过程中自动采集反应时间数据，本书采用了广泛使用在微软公司 Windows 平台的 C# 语言及 .NET Framework 来实现。C# 是一种简洁、类型安全的面向对象的计算机程序设计语言，它应用范围广泛，具备很强的数据处理能力，各类科研都需要用到它，开发人员可以使用它来编写和构建在 .NET Framework 上运行的各种安全、可靠的应用程序[1]，如三维、二维图形和动画，对于视觉终端模拟实验来说是最佳的设计实现方式。

图 4-1 显示的是计算机模拟实验后台程序的主控界面，在模拟实验前可以方便地对隧道墙面、路面及出现目标物的参数进行定义。

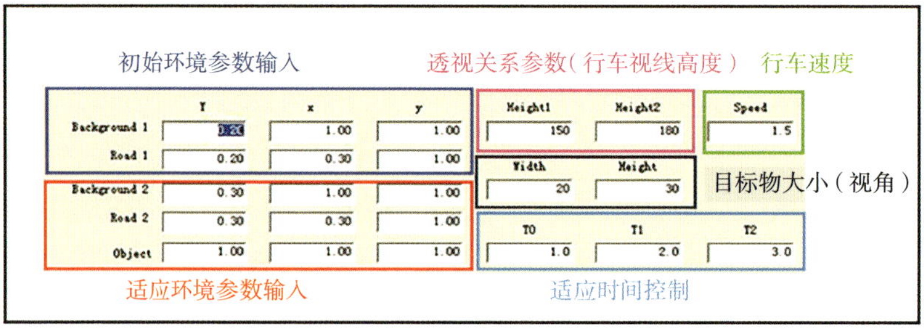

图 4-1　计算机模拟视觉适应实验控制程序输入界面说明

（1）Background1（背景 1）、Road1（道路 1）后的输入项是对初始照明参数的预设，与实验室测试类似，这是实验开始时被试者需要作完全视觉适应的视觉环境条件。

（2）Background2、Road2 后的输入项是适应照明参数的预设，在被试者对初始环境完全适应后，按照预设时间出现。

（3）Object（目标）后的输入项是对目标物参数的预设，并可以用其后的 Width（宽度）及 Height（高度）输入项控制目标物出现的大小比例。

（4）实验过程是简单模拟直线行车的动态过程，通过 Hight1、Hight2 的调整可预设定测试在隧道中开始的阶段，如图 4-2 所示。

---

[1] 诺思拉普 .NET Framework 应用程序开发 [M]. 黄艳,柴小伟,刘彦博,译. 北京:清华大学出版社, 2012.

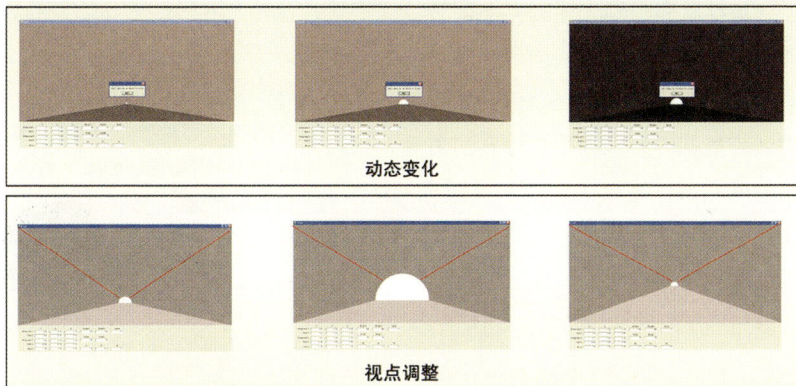

动态变化

视点调整

图 4-2 测试程序视窗参数调整示意

（5）T0 是实验开始前视觉终端的黑屏时间，目的是尽可能地让被试者处于自然放松的状态。T1 控制初始亮度环境呈现时间的长短，一般应大于30s，使被试者进入完全适应的状态。T2 为适应亮度环境出现的时间。

实验是研究色温对视觉适应的影响，所以增加了中间色温及高色温测试条件，对色度参数的定义是关键设计内容，为了保证计算机编程对图像控制输出的实现，需要把色温转化为标准色坐标的输入，在预设界面中，x，y 作为色温参数的输入控制，Y 则为亮度因素。

不同光源因相关色温差异而对应不同的色坐标，实验依据目前隧道照明光源的色温范围，参照黑体轨迹及 CIE 推荐的常用标准照明体色坐标确定了相应色温参数输入值（表 4–1）。

表 4-1 实验选取色温参数及其色坐标对照表

色温（K） CIE	2000	3000	4000	5000	6000	7000
x	0.52655	0.44018	0.37790	0.34588	0.32434	0.30454
y	0.41340	0.40329	0.38835	0.35875	0.33391	0.31473

基于目前数字显示技术的成熟以及相关应用光学研究的成果，在 CRT 计算机屏幕、LCD 液晶显示器及数字投影仪当中，选用了 SONY F700HL 全数字 1080P 高清工程投影仪作为本次模拟实验的视觉终端，因其具有最高的对比（1900∶1）及亮度调节范围，投影幕亮度可以达到 300cd/m² 以上，涵盖的色域范围广，色彩表现效果优秀（图 4–3）。

与实验室多种光源的亮度调节范围不同，计算机模拟输出为统一的适应亮度，在视觉终端可达范围内选择了实验室取值的中间点。同时，考虑适应最初的时间为视觉提升的关键，在原有适应时间跨度的基础上，加入了更短的适应时间，是对实验室测试数据的补充和完善，目的是更全面地研究相同条件下光源色温对人眼适应的影响。亮度与适应时间取值如表 4-2 所示。

图 4-3 SONY F700HL 高清工程投影仪

表 4-2 实验适应亮度及适应时间取值表

适应亮度（cd/m²）	300	150	80	50	30	15	5
适应时间（s）	2	4	6	10	15	20	30
说明	不同色温条件下，模拟反应时间法，获得不同适应亮度对应的适应时间						

考虑计算机色彩 RGB 管理系统中的坐标体系与 CIE 色空间中真实色表系统的差异，借鉴国内计算机终端实验的相关研究方法[1]，还须对视觉终端进行实测标定，使图像能够最大程度还原真实色光表现。测试前在控制程序界面输入预设光度、色度参数后，利用 BM-5 色度亮度计对荧幕进行测试，若存在差异，则可对输入数值、投影仪亮度进行调整，使所呈现的色度参数与实际测试参数相符。

适应亮度实验室研究的测试箱体是模拟隧道内部封闭的照明环境，利用视觉终端模拟视觉适应则是在相对开放的空间内进行，因此必须考虑可能存在的各种干扰因素对测试结果的影响（环境光、反射光等），实验选择在国家认可的标准光学暗室中进行，同时需保证被试者视野范围内尽可能多地呈现适应背景亮度。

投影装置放置于被试后部上方，投影距离根据投影载体（黑体墙面 / 幕布）所确定的大小宽窄（屏幕尺寸对角线），投影仪使用说明中确定的投影距离与投影幕尺寸的计算关系如下：

$$D = 0.036 \times L / 0.0254 - 0.037 \qquad (4-1)$$

---

❶ 肖宏俊,等.景观照明中色光情感定量化实验研究 [D]. 天津:天津大学,2008.

式中：D——透光口距投影幕垂直距离；

L——投影幕尺寸（对角线长度）。

根据暗室现场情况，在不产生投影遮挡的前提下，屏幕对角尺寸为3m，则计算机模拟试验投影距离为4.21m，实验平面示意见图4-4。

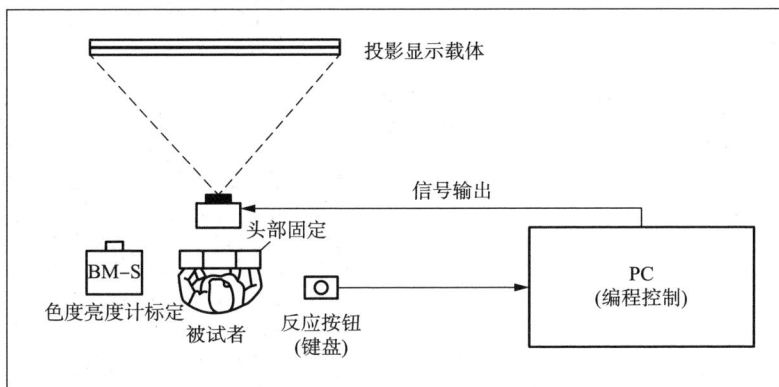

图4-4　视觉终端计算机模拟视觉适应实验平面简图

三、实验步骤

标准暗室采用稳压电源，保证了仪器设备输出的稳定性，实验前对被试者进行操作说明和讲解，然后开始预测试以熟悉实验流程，正式测试时暗室内只保留操作人员和被试者，最大限度地避免各种客观因素的干扰（图4-5）。

（1）操作人员打开控制程序的输入界面进行色度、光度参数预设，并利用仪器进行标定，对于所有被试者来说，是在相同的视觉条件下进行实验。

（2）确定测试距离。被试者采用舒适自然的坐姿视看投影荧幕，首先呈现黑屏状态，告知被试者做好准备，测试即将开始。

（3）预设黑屏时间 $T0$ 后，出现模拟隧道初始亮度，被试者进入视觉适应状。

（4）被试者在 $T1$ 时间内完全适应初始亮度后，变化为适应亮度背景，适应时间为 $T2$，目标物随即出现，被试者在看到目标物后按下键盘按键响应，系统记录反应时间，每次重新调整实验参数，都需要实时确定呈现色坐标、亮度参数的实测值。

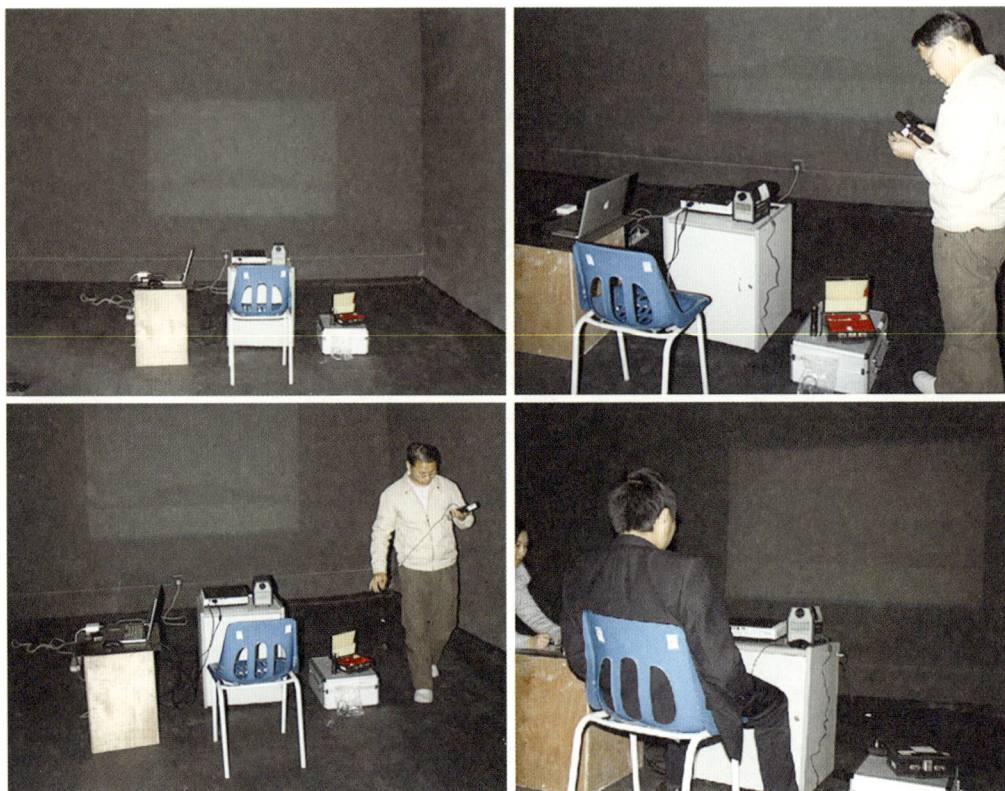

图 4-5　视觉终端计算机模拟视觉适应实验测试现场

四、实验结果

　　模拟实验在相同亮度变化条件下，重复改变色温参数进行测试，尽可能地保证获取每位被试者在相同的生理、心理状态条件下的反应时间数据。共 8 位被试者参与，测试包括 6 组色温、6 组亮度变化，在 7 种适应时间条件下，每组测试 3 次，共获得约 6500 组数据，并综合处理为平均反应时间值。

　　适应亮度实验的结果说明，在视觉适应的条件下，光源类别（光谱功率分布）及色温的差异可以引起反应时间水平的变化，在某种程度上与现有道路照明研究中不同光源视觉效能差异的结果相符，计算机模拟测试结果按照与实验室测试相同的处理方法获得适应时间，利用数据分析的方法考察 6 种不同亮度变化条件下，色温与适应时间之间的相关性，如表 4-3 所示。

表 4-3 各亮度变化区间内的色温与适应时间相关性分析

300~150cd/m² 亮度变化的相关性分析

		色温 1	适应时间 1
色温 1	Pearson 相关性	1	0.908*
	显著性（双侧）		0.012
	N	6	6
适应时间 1	Pearson 相关性	0.908*	1
	显著性（双侧）	0.012	
	N	6	6

* 在 0.05 水平（双侧）上显著相关。

150~80cd/m² 亮度变化的相关性分析

		色温 2	适应时间 2
色温 1	Pearson 相关性	1	0.975**
	显著性（双侧）		0.001
	N	6	6
适应时间 1	Pearson 相关性	0.975**	1
	显著性（双侧）	0.001	
	N	6	6

** 在 0.01 水平（双侧）上显著相关。

80~50cd/m² 亮度变化的相关性

		色温 3	适应时间 3
色温 3	Pearson 相关性	1	0.981**
	显著性（双侧）		0.001
	N	6	6
适应时间 3	Pearson 相关性	0.981**	1
	显著性（双侧）	0.001	
	N	6	6

** 在 0.01 水平（双侧）上显著相关。

50~30cd/m² 亮度变化相关性

		色温 4	适应时间 4
色温 4	Pearson 相关性	1	0.989**
	显著性（双侧）		0.000
	N	6	6
适应时间 4	Pearson 相关性	0.989**	1
	显著性（双侧）	0.000	
	N	6	6

** 在 0.01 水平（双侧）上显著相关。

30~15cd/m² 相关性

		色温 5	适应时间 5
色温 5	Pearson 相关性	1	0.991**
	显著性（双侧）		0.000
	N	6	6
适应时间 5	Pearson 相关性	0.991**	1
	显著性（双侧）	0.000	
	N	6	6

** 在 0.01 水平（双侧）上显著相关。

15~5cd/m² 相关性

		色温 6	适应时间 6
色温 6	Pearson 相关性	1	0.993**
	显著性（双侧）		0.000
	N	6	6
适应时间 6	Pearson 相关性	0.993**	1
	显著性（双侧）	0.000	
	N	6	6

** 在 0.01 水平（双侧）上显著相关。

通过以上相关性分析结果可以进一步明确，在相同的环境亮度条件下，色温与适应时间是显著相关的，验证了适应亮度实验的测试结果，也说明利用视觉终端模拟实验的研究方法是可行的。

第二节　色温对视觉功效的影响

在不同适应亮度的模拟测试条件下，对每位被试者的反应时间数据进行平均处理，获得各色温的反应时间数据与适应时间的关系，如图 4-6 所示。

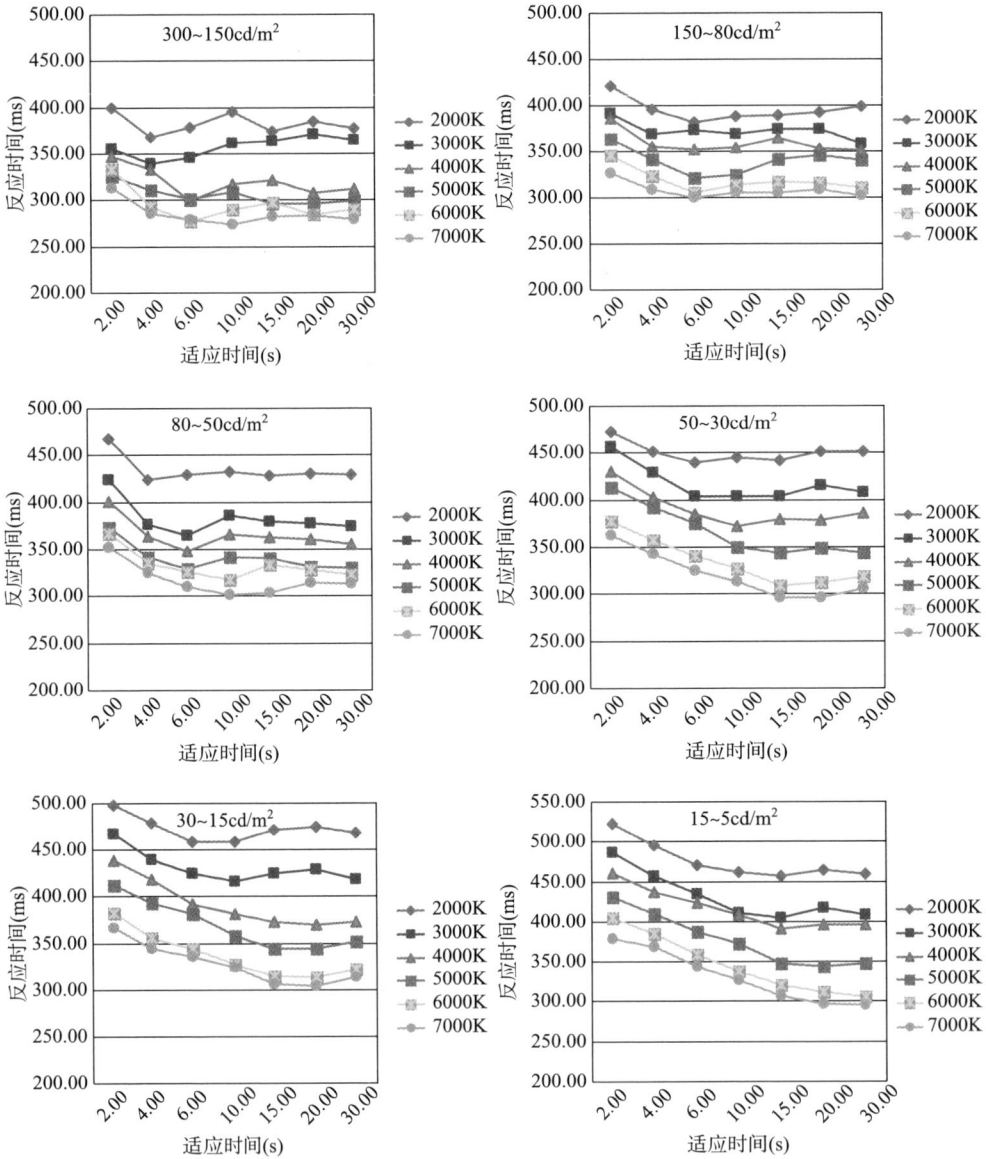

图 4-6　各亮度不同色温条件下适应时间与反应时间之间的关系

对图表中的反应时间数据变化分析可以知：

（1）在某一适应亮度变化条件下，随着色温的增大，反应时间整体水平呈下降趋势，这种差异随着色温的降低而越来越大。

（2）随着适应亮度水平的降低，色温对反应时间的影响有增大趋势，如对于 15~5cd/m² 的亮度变化，7000K 与 2000K 色温条件下的平均反应时间水平差值可达到 160ms，而 300~150cd/m² 的亮度变化条件下，差值为 80ms 左右。

基于现有的隧道照明视觉功效研究成果，反应时间主要受视觉背景亮度水平 L_b 的影响，并与对比度、偏心角等视觉因素相关，在利用反应时间法研究隧道照明视觉适应的过程中，同样应考察不同光源色温条件下适应亮度与反应时间水平之间的关系，通过均值处理过后的反应时间数据表 4-4 所示。

表 4-4 各种适应时间及色温条件下每种亮度变化水平的反应时间均值

适应时间	L (cd/m²) 色温	15~5	30~15	50~30	80~50	150~80	300~150
t=2s	t_{2000k}	523	498	473	468	421	399
	t_{3000k}	486	467	456	424	392	356
	t_{4000k}	461	438	430	401	386	347
	t_{5000k}	431	412	413	374	364	326
	t_{6000k}	405	382	377	367	346	333
	t_{7000K}	379	367	363	353	327	314
t=4s	t_{2000k}	496	478	451	424	396	368
	t_{3000k}	457	440	429	377	369	340
	t_{4000k}	437	419	403	364	355	334
	t_{5000k}	409	393	393	341	341	311
	t_{6000k}	385	356	357	335	323	293
	t_{7000k}	369	345	343	324	309	286
t=6s	t_{2000k}	471	459	440	429	382	379
	t_{3000k}	434	424	404	365	374	346
	t_{4000k}	423	392	385	347	352	299

适应时间	L（cd/m²）色温	15~5	30~15	50~30	80~50	150~80	300~150
t=6s	t_{5000k}	388	381	376	329	321	302
	t_{6000k}	359	345	341	325	305	277
	t_{7000K}	344	336	325	310	300	280
t=10s	t_{2000k}	462	459	445	433	388	396
	t_{3000k}	412	416	404	386	370	362
	t_{4000k}	409	382	372	366	354	311
	t_{5000k}	372	358	350	342	324	309
	t_{6000k}	338	327	327	318	314	290
	t_{7000K}	327	324	313	301	306	274
t=15s	t_{2000k}	457	472	442	428	389	374
	t_{3000k}	405	424	403	380	374	364
	t_{4000k}	392	373	379	363	365	321
	t_{5000k}	348	344	344	340	341	296
	t_{6000k}	320	315	308	333	317	297
	t_{7000K}	306	306	296	304	305	282
t=20s	t_{2000k}	464	475	451	430	392	385
	t_{3000k}	417	429	415	377	375	371
	t_{4000k}	396	369	379	360	353	307
	t_{5000k}	344	344	349	331	346	296
	t_{6000k}	312	314	312	328	316	284
	t_{7000K}	296	304	296	315	309	284
t=30s	t_{2000k}	459	468	452	430	399	378
	t_{3000k}	409	419	408	374	358	365
	t_{4000k}	396	373	386	355	351	312
	t_{5000k}	347	352	344	330	340	299
	t_{6000k}	305	322	319	323	311	290
	t_{7000K}	295	314	306	313	302	280

按计算机模拟实验设计的不同适应时间，绘制出不同色温的"反应时间—适应亮度"数据走势（图4-7），反应时间水平随着亮度变化水平呈下述变化规律。

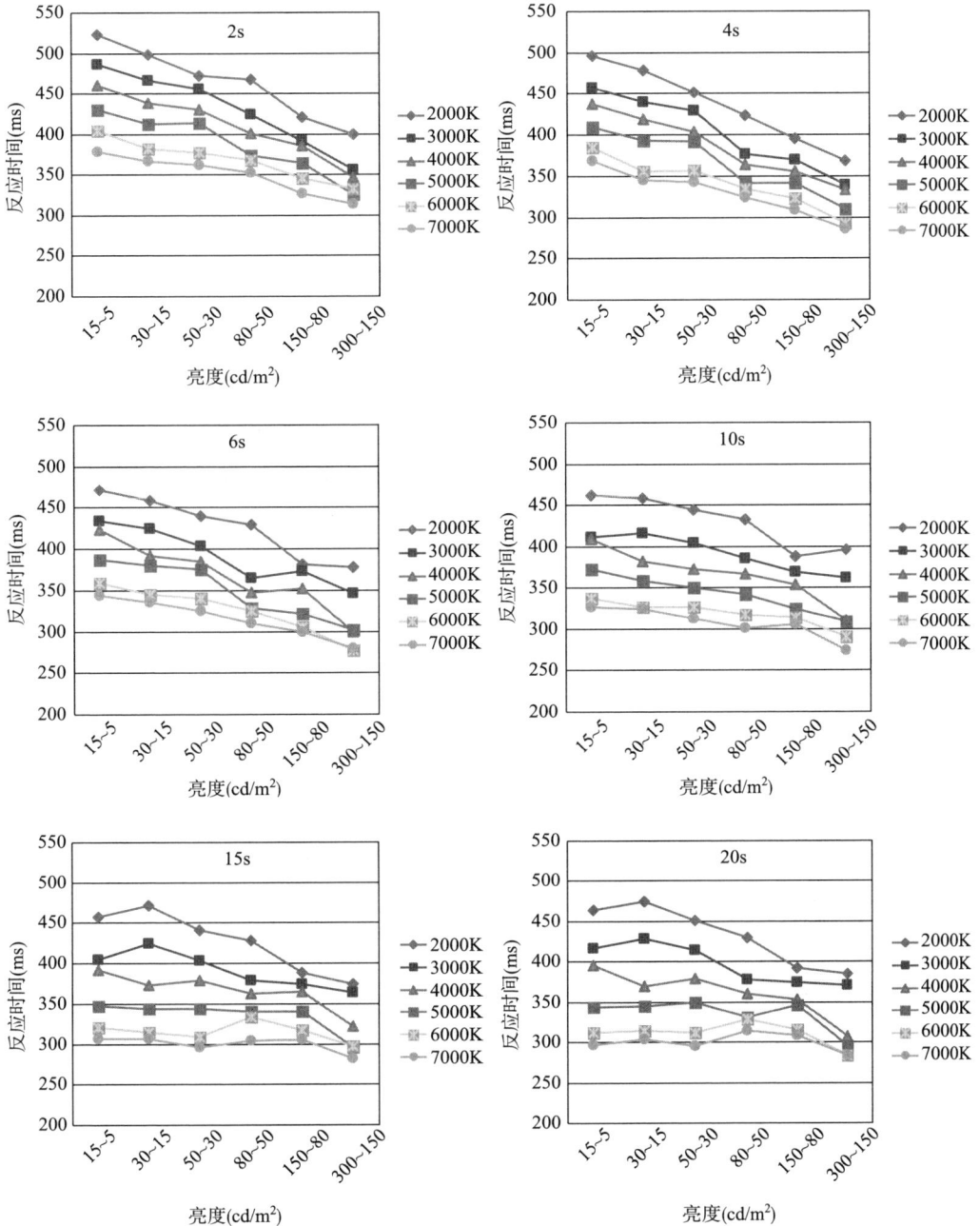

图4-7

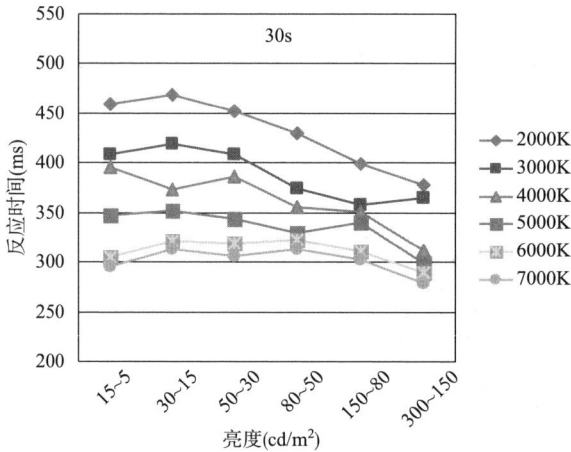

图 4-7 不同适应时间条件下各色温反应时间与亮度变化水平的关系

（1）对于同一色温来说，随着亮度水平的提高，反应时间呈减小趋势。

（2）对于同一亮度变化来说，随着色温的增大，反应时间呈减小趋势。

（3）结合图 4-6 对"适应时间—反应时间"数据分析表明，适应时间并不直接影响反应时间整体水平，但在视觉适应水平上升阶段，反应时间随着适应时间呈下降趋势，这也是实验利用最佳视觉功效状态（最小反应时间）评价适应水平的方法。

实验是由初始亮度到适应亮度的变化模拟隧道视觉适应的环境，参数是一个动态的过程，为了便于数据分析，考虑在实验过程中被试者察觉目标物后发生反应动作实际发生在适应亮度的背景条件下，实验系统记录的也是亮度变化中适应亮度条件下的响应时间，所以采用适应亮度作为反应时间对应的参数。对各色温在不同适应时间条件下的反应时间数据进行均值处理，再利用专业数据拟合软件 Origin 进行拟合分析，获得受光源色温影响的、适应条件下反应时间与适应亮度的基本关系，可以用下式进行描述[1]：

$$TR = ae^{-L_a/b} + c \tag{4-2}$$

式中：TR——反应时间；

L_a——适应亮度；

e——自然对数；

a、b、c——系数，与色温、适应时间、初始亮度相关。

---

[1] 李润明，吴晓明. 图解 Origin 8.0 科技绘图及数据分析 [M]. 北京：人民邮电出版社，2009.

2000K 色温背景的反应时间与适应亮度之间的拟合关系式见式（4-3），相应的拟合曲线图见图 4-8。

$$TR = 129.86e^{-L_a/77.35} + 360.32 \tag{4-3}$$

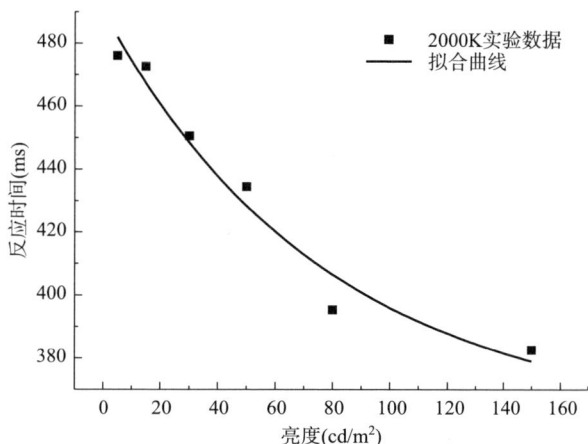

图 4-8 2000K 色温条件下反应时间与背景亮度拟合曲线

3000K 色温背景的反应时间与适应亮度之间的拟合关系式见式（4-4），相应的曲线图见图 4-9。

$$TR = 99.8e^{-L_a/64.63} + 345.77 \tag{4-4}$$

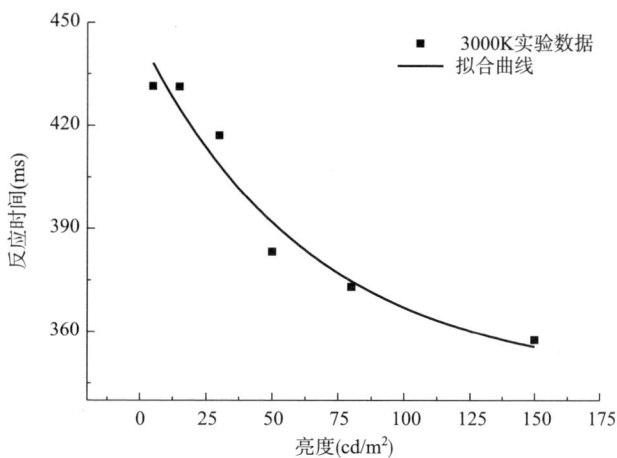

图 4-9 3000K 色温条件下反应时间与背景亮度拟合曲线

4000K 色温背景的反应时间与适应亮度之间的拟合关系式见式（4–5），相应的曲线图见图 4–10。

$$TR = 139.75\mathrm{e}^{-L_a/134.45} + 275.43 \tag{4–5}$$

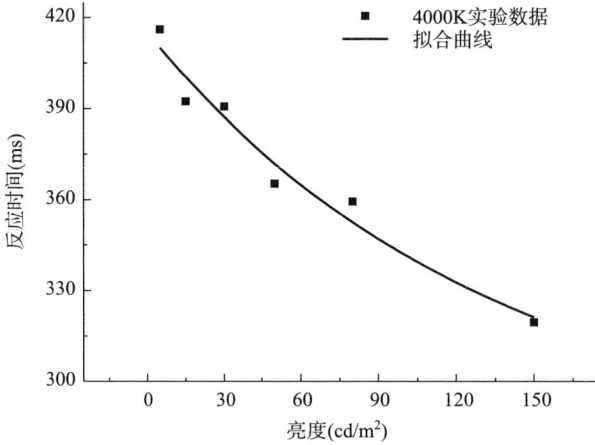

图 4–10　4000K 色温条件下反应时间与背景亮度拟合曲线

5000K 色温背景的反应时间与适应亮度之间的拟合关系式见式（4–6），相应的曲线图见图 4–11。

$$TR = 154.43\mathrm{e}^{-L_a/230.75} + 225.62 \tag{4–6}$$

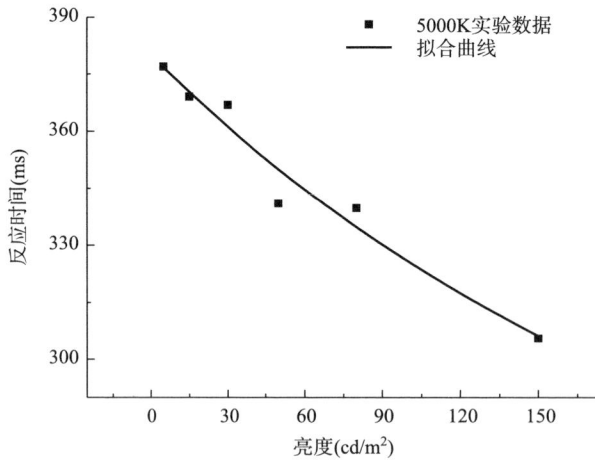

图 4–11　5000K 色温条件下反应时间与背景亮度拟合曲线

在 3000~5000K 这一色温范围内，拟合式中自然对数指数函数都呈现负指数关系，随着色温的增大负指数绝对值越大，也就是指数越小，从曲线趋势上表现为色温越低，亮度引起的反应时间变化程度越激烈，说明色温会影响不同适应亮度条件下反应时间水平的变化率，也就是说在视觉适应的动态变化条件下，对应相同的亮度变化，低色温可获得更快的视觉适应。

6000K 色温背景的反应时间与适应亮度之间的拟合关系式见式（4-7），相应的曲线图见图 4-12。

$$TR = -193.69e^{L_a/652.14} + 538.69 \qquad （4-7）$$

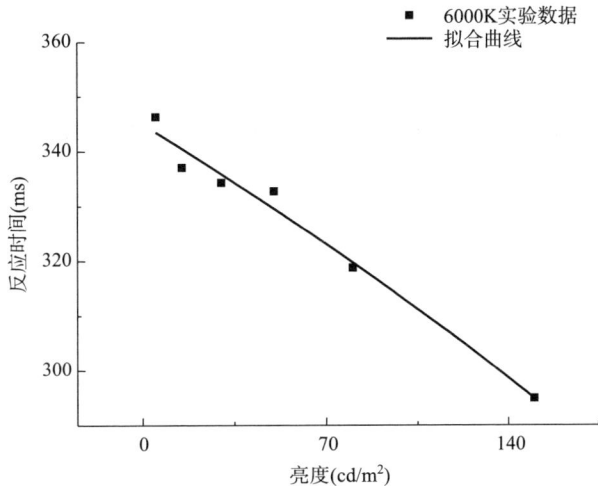

图 4-12　6000K 色温条件下反应时间与背景亮度拟合曲线

7000K 色温背景的反应时间与适应亮度之间的拟合关系式见式（4-8），相应的曲线图见图 4-13。

$$TR = -2640.74e^{L_a/8674.07} + 2972.53 \qquad （4-8）$$

从拟合式（4-7）和式（4-8）可以看出，当色温高于 5000K 时，系数发生明显变化，但反应时间水平仍呈下降趋势，符合式（4-2）的描述，模拟实验所选各常用色温的拟合公式系数与 R^2 值综合如表 4-5 所示。

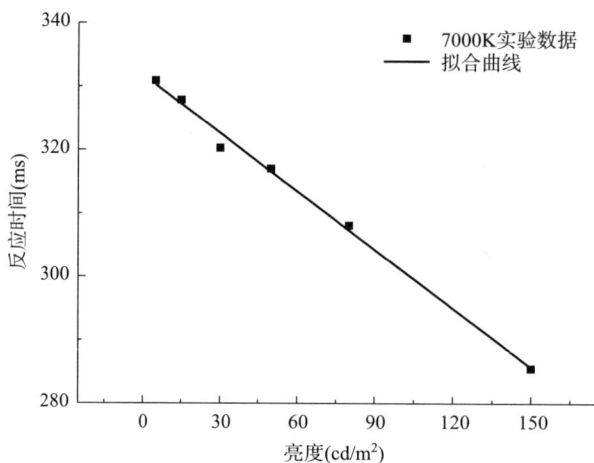

图 4-13　7000K 色温条件下反应时间与背景亮度拟合曲线

表 4-5　各种色温条件下反应时间与适应亮度拟合结果

色温	a	b	c	调整自由度后决定系数 / 判定系数
2000K	129.86	77.35	360.32	0.9472
3000K	99.8	64.63	345.77	0.92091
4000K	139.75	134.45	275.43	0.93903
5000K	154.43	230.75	225.62	0.93432
6000K	-193.69	-652.14	538.69	0.96658
7000K	-2640.74	-8674.07	2972.53	0.99111

拟合结果的判定系数 R^2 均在 0.92 以上，曲线与数据的吻合性较好，说明以上各式均能较为准确地描述在视觉适应条件下，不同色温对应的反应时间与亮度的关系。

在现有道路照明光源效率的视觉功效法研究中，同样通过对常用道路照明光源的测试数据进行拟合，获得反应时间水平与背景亮度 L_b 的关系[1]，如式（4-9）所示。

$$T_R = a\mathrm{e}^{(d-L_b)/b} + c \qquad (4-9)$$

式中：e ——自然对数；

　　　L_b ——背景亮度；

---

[1] 刘英婴. 用反应时间研究道路照明光源的相对光效 [D]. 重庆：重庆大学,2006.

a、b、c、d——系数，且与光源光谱分布、背景亮度、对比度、偏心角大小有关。

其中高压钠灯、金卤灯及 LED 三种光源的拟合曲线如图 4-14 所示。

三种光源的反应时间与背景亮度关系的拟合结果见表 4-6，拟合的判定系数 R^2 均接近 1，说明在道路照明条件下，式（4-9）同样较准确地描述了反应时间与背景亮度之间的变化关系。

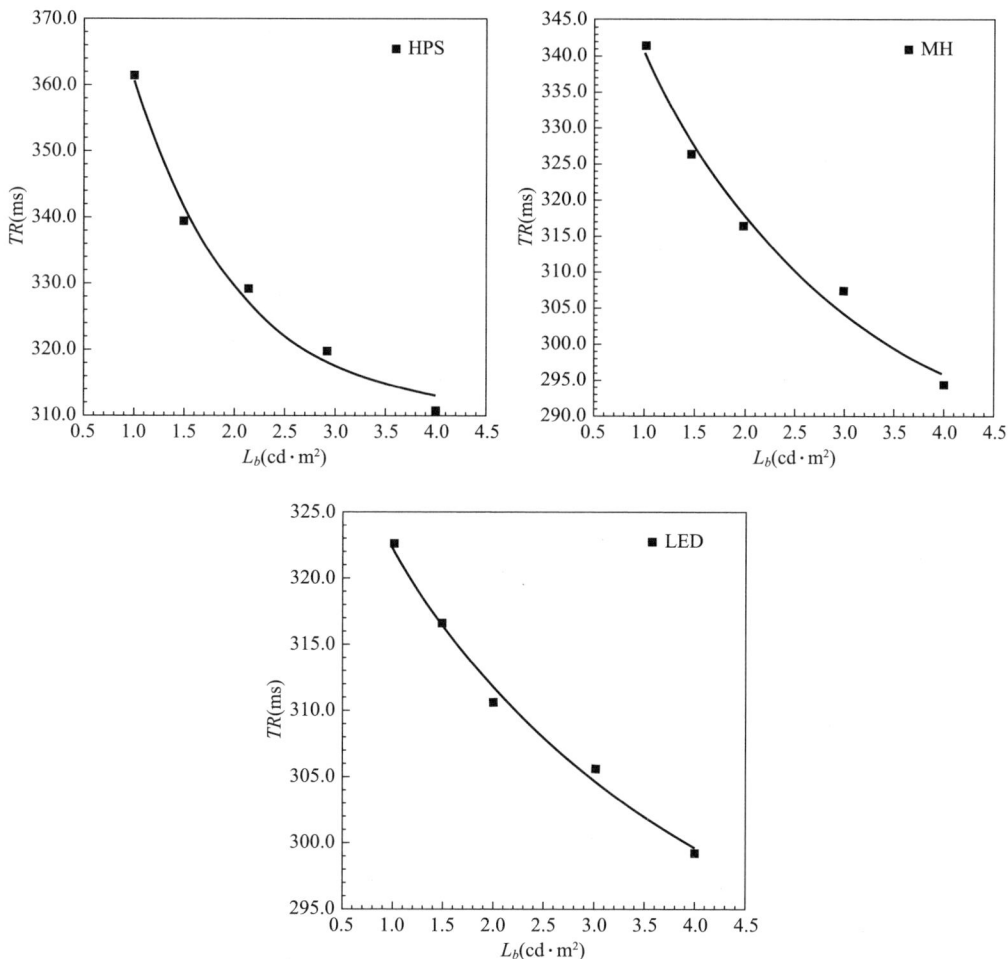

图 4-14　视觉功效法研究道路照明光源光效的反应时间与背景亮度拟合曲线 ❶

---

❶ 刘英婴. 用反应时间研究道路照明光源的相对光效 [D]. 重庆:重庆大学,2006.

表 4-6　道路照明常用光源反应时间与背景亮度拟合结果 ❶

光源	a	b	c	d	R^2
HPS	94.234	1.092	315.791	0.457	0.9892
MH	87.208	1.785	288.129	0.287	0.9852
LED	63.874	1.265	304.830	−0.305	0.9898

对比式（4-2）与式（4-9），适应条件下的反应时间与适应亮度的拟合与道路照明视觉功效法的拟合关系近似，说明无论在道路还是隧道照明条件下，亮度仍是影响反应时间水平的重要因素，其与亮度的关系均符合自然指数的描述，利用反应时间法评价人眼视觉适应的问题，并不是对已有道路视觉功效研究结果的否定，而是针对隧道照明应用的补充和完善。

隧道照明"反应时间—适应亮度"与道路照明"反应时间—背景亮度"拟合结果的区别主要在于系数的变化，影响拟合计算的系数则主要受到色温（光谱功率分布）的影响，如在高色温条件下，式（4-2）系数出现负值而导致与（4-9）式曲线拟合的差异，这些是由于道路与隧道照明不同的照明环境特点造成的。

相比一般道路的照明水平，隧道内部的亮度变化范围更大，涵盖了明视觉即中间视觉范畴，在针对过渡段的视觉功效实验和研究中，考虑了人眼视觉适应的动态变化过程，这些是二者拟合结果差异的主要原因。

第三节　色温对适应时间的影响

在第三章适应亮度的实验室研究中，同类型光源（相对光谱功率分布近似）色温对适应时间的影响呈现出一定规律，不同种类光源之间虽然适应水平存在差异，但因实验研究条件及参数选取限制，结果并没有呈现出较强的规律性。表 3-7 中，对于其中三种不同色温的 LED，在实验确定的亮度范围内，适应时间整体水平随着色温的提高略微有所上升。同样 3000K 金卤灯的平均适应时间小于 4000K 金卤灯的适应时间，高压钠灯 HPS 相对光谱分布与金卤光源类似，2000K 高压钠灯光源的适应时间较

---

❶ 刘英婴.用反应时间研究道路照明光源的相对光效 [D]. 重庆:重庆大学,2006.

3000K 金卤灯更短。

计算机模拟实验统一了测试条件，利用视觉终端 VDT 呈现标定后的色温及亮度，参数均取决于专业投影设备的内部光源，即可看作关于不同色温的同类别光源的适应研究，按实验室测试采用的最小反应时间法确定不同适应亮度对应的适应时间，再把各被试者在该亮度条件下的数据均值处理后汇总，对应不同色温的平均适应时间（图 4-15）。

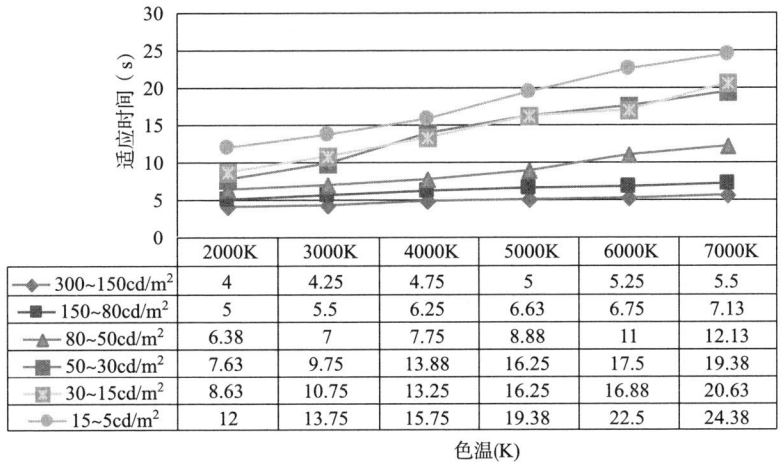

	2000K	3000K	4000K	5000K	6000K	7000K
◆ 300~150cd/m²	4	4.25	4.75	5	5.25	5.5
■ 150~80cd/m²	5	5.5	6.25	6.63	6.75	7.13
▲ 80~50cd/m²	6.38	7	7.75	8.88	11	12.13
■ 50~30cd/m²	7.63	9.75	13.88	16.25	17.5	19.38
▨ 30~15cd/m²	8.63	10.75	13.25	16.25	16.88	20.63
● 15~5cd/m²	12	13.75	15.75	19.38	22.5	24.38

色温(K)

图 4-15　不同亮度变化条件下色温与适应时间的关系

从图表中可以看出，在不同的亮度变化区间，适应时间都受到色温变化不同程度的影响。

（1）无论在哪种亮度变化水平，随着色温的增大，适应时间增加，适应水平降低。

（2）在低亮度水平条件下，色温对适应时间的影响更明显，随着适应亮度水平的提升，色温的影响减弱。

（3）相同色温条件下，随着适应亮度水平的降低，所需要的适应时间增加，这与人眼暗适应的一般规律相符，即低亮度水平需要更长的适应时间。

以上数据分析说明，在确定的光源色温条件下，人眼视觉的整体适应水平（适应时间长短）受到亮度水平的影响，而光源色温参数是一个不可忽略的影响因素，且这种影响随着环境亮度水平的降低而逐渐显著。

过渡段的照明计算以入口段亮度为基础，而洞外环境亮度又直接影响入口段亮度水平，《公路隧道照明设计细则》中规定，在无实测资料时，洞外亮度 L_{20} 可参考表 1-4 选取。

从图 4-15 的测试结果可以直观地看出，在计算机模拟实验选取的 5~300cd/m² 亮度范围内，色温对适应水平的影响随着亮度水平的降低而逐渐提升，说明在研究隧道视觉适应的过程当中，光源色温应当作为过渡段亮度计算的必要的参数进行研究，这也验证了本书第一章提出的主要影响因素的假设。

适应时间可以描述适应水平高低，对不同亮度水平下色温与适应时间之间的关系进行数据拟合，获得二者存在的函数关系满足以下关系式：

$$T_a = a - b\ln(T_c + c) \tag{4-10}$$

式中：T_a——适应时间；

T_c——色温；

a、b、c——系数，与适应亮度水平相关。

300~150cd/m² 的亮度变化条件下，色温与适应时间拟合关系如式（4-11）所示，曲线关系如图 4-16 所示。

$$T_a = -22.13 + 2.94\ln(T_c + 5234.15) \tag{4-11}$$

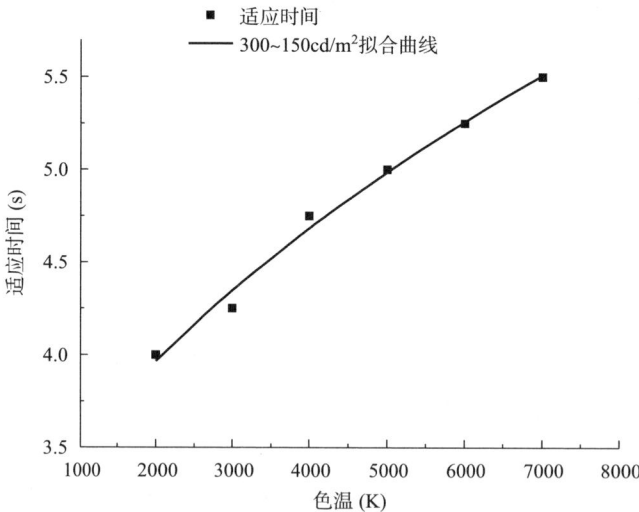

图 4-16　300~150cd/m² 亮度变化条件下色温与适应时间关系的拟合曲线

150~80cd/m² 的亮度变化条件下，色温与适应时间拟合关系如式（4-12）所示，曲线关系如图 4-17 所示。

$$T_a = -8.98 + 1.81\ln(T_c + 179.86) \tag{4-12}$$

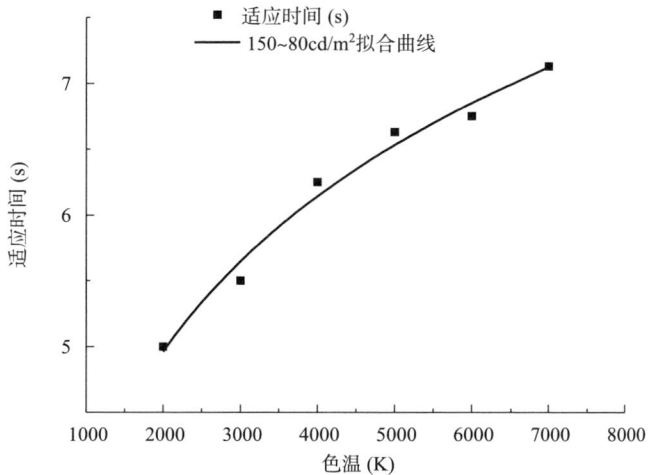

图 4-17　150~80cd/m² 亮度变化条件下色温与适应时间关系的拟合曲线

80~50cd/m² 的亮度变化条件下，色温与适应时间拟合关系如式（4–13）所示，曲线关系如图 4–18 所示。

$$T_a = -2498.82 + 207.75\ln\left(T_c + 169384.27\right)$$ （4–13）

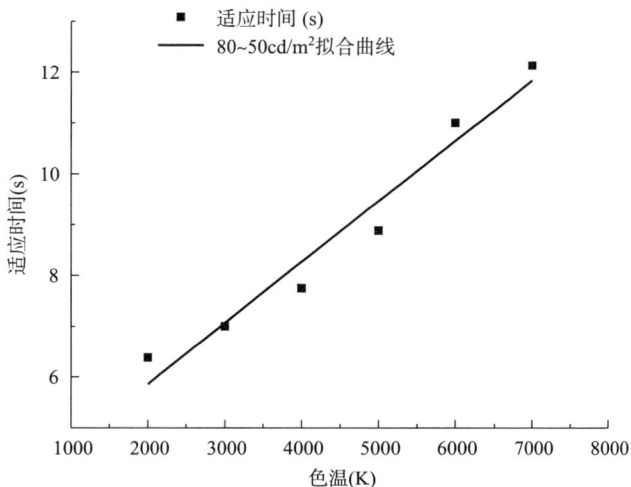

图 4-18　80~50cd/m² 亮度变化条件下色温与适应时间关系的拟合曲线

对于 50~30cd/m² 的亮度水平，从一般光源 2000~7000K 的色温范围内，对视觉适应时间的影响变化在 10s 以内。

在 50~30cd/m² 的亮度变化条件下，色温与适应时间拟合关系如式（4–14）所示，曲线关系如图 4–19 所示。

$$T_a = -117.96 + 15.09\ln(T_c + 2023.46) \qquad (4\text{-}14)$$

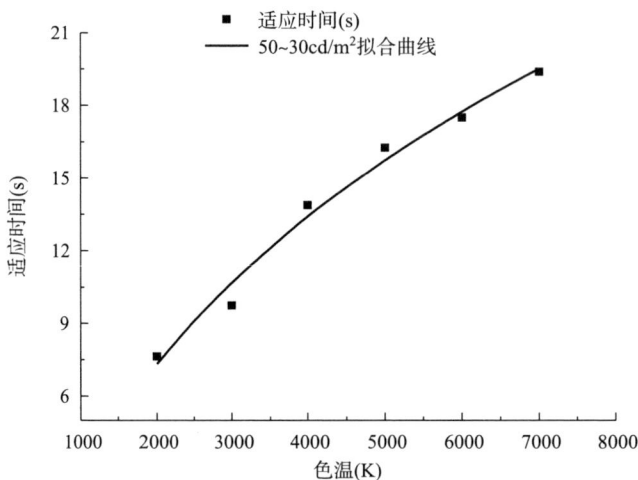

图 4-19 50~30cd/m² 亮度变化条件下色温与适应时间关系的拟合曲线

在 30~15cd/m² 的亮度变化条件下，色温与适应时间拟合关系如式（4-15）所示，曲线关系如图 4-20 所示。

$$T_a = -2371.73 + 209.18\ln(T_c + 85491.81) \qquad (4\text{-}15)$$

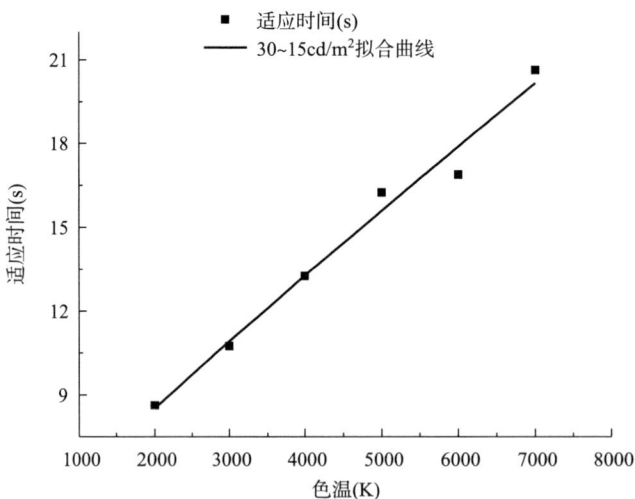

图 4-20 30~15cd/m² 亮度变化条件下色温与适应时间关系的拟合曲线

在 15~5cd/m² 的亮度变化条件下，色温与适应时间拟合关系如式（4-16）所示，曲线关系如图 4-21 所示。

$$T_a = -3886.64 + 332.29\ln\left(T_c + 122315.43\right) \qquad (4-16)$$

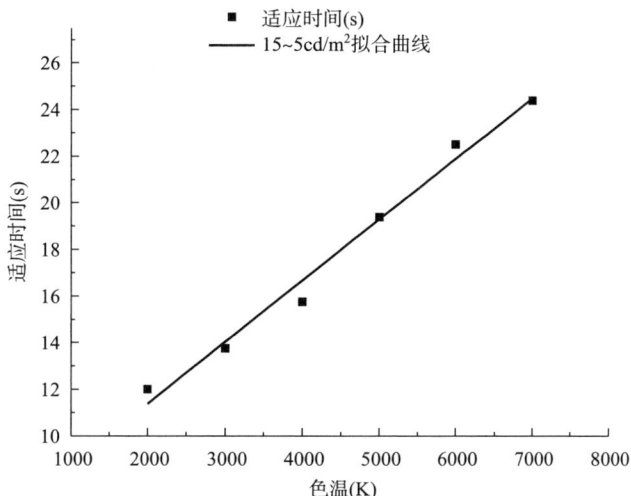

图4-21　15~5cd/m² 亮度变化条件下色温与适应时间关系的拟合曲线

由拟合参数的变化及拟合关系图可以看出：

（1）随着亮度水平的提高，反应时间呈减小趋势。拟合式中起主要作用的正相关系数 b、c 越大，拟合曲线的曲率越小，色温与适应时间的关系更趋近于直线斜率关系。

（2）在低于 50cd/m² 的亮度变化条件下，色温对适应时间长短的影响最大可相差 15s 以上。

拟合的结果再次说明了色温对视觉适应水平（适应时间）的影响作用。拟合函数系数的取值主要取决于背景亮度水平，在不同的亮度变化水平条件下，色温对适应时间的影响程度是不同的，在适应亮度较高的情况下影响较小，可以看作在高亮度环境条件下适应水平的主导影响因素仍为适应亮度；在背景亮度水平低于一定程度的条件下（一般与过渡段照明亮度水平接近），光源色温对适应时间快慢的影响更显著。

第四节　本章小结

适应亮度的实验中，因光源光电参数及测试仪器条件的限制，色温无法按实验需求定义，从测试结果仅能判断色温对视觉适应存在影响，但总体规律性不强。本章设计了一种利用视觉终端进行适应评价的实验方法，自编计算机程序可以快速便捷地实现光度、色度参数的输出。

在实验室测试的基础上增加了样本数量，调整了光度、色度参数的取值范围，利用后台测试程序获得常用隧道照明光源色温范围内（2000~7000K）的反应时间数据。

道路照明已有的研究利用视觉功效法获得了各光源照明条件下反应时间与背景亮度的关系，在隧道照明视觉适应实验中，亮度因素是一个可控参数，作用于视觉适应的变化，基于实验结果的反应时间与适应亮度的函数关系式是对已有成果的肯定，同时验证了研究方法的正确性，符合隧道照明特征的计算方法。

通过对反应时间测试数据的分析，获得了不同适应亮度水平条件下，光源色温与适应时间的拟合函数关系，适应时间的长短可以影响隧道照明段的划分方法，研究结果为实现合理的隧道照明设计提供了依据。

第五章

隧道照明视觉适应与瞳孔尺寸变化研究

第一节 瞳孔变化的影响因素

瞳孔位于人眼睛虹膜的中央，一般成人的瞳孔直径为 2~8mm，而且瞳孔尺寸具有不断变化的特性，瞳孔尺寸随光度水平的实时变化属于人眼的应激反应，是通过控制进入眼睛的光线多少来减轻环境改变带来的视觉不适，维持视觉功效的一种生理机制 [1]，波科尼（Pokorny）等人 [2] 的研究中认为瞳孔尺寸的变化是由外界刺激及人的主观因素引起的，其中外界刺激包括亮度水平变化及视觉适应的状态。

一、亮度水平对瞳孔变化的影响

基于隧道过渡段照明变化过程的视觉适应是本书研究的主要内容，即驾驶员视野范围内由于环境亮度的改变而引起视觉功效水平变化的现象。在这一过程中，瞳孔大小会因明暗程度的改变而产生相应变化，从亮环境进入暗环境时，为了减小因视觉适应所带来的损失，瞳孔尺寸放大，以增加入眼的光能数量；从暗环境进入亮环境，为了获取更小的光度差异，瞳孔尺寸变小，这是瞳孔根据环境状态的一种应激变化。对于隧道进出口段来说，瞳孔尺寸的变化是激烈的，有相关研究将其定义为视觉震荡，即当瞳孔尺寸前后改变大于 50% 的状态 [3]，在这种状态下人眼的适应水平状态较低，瞳孔的变化状态在这一瞬间起主导作用，在隧道照明中表现为产生视觉障碍导致可见度降低，无法在视网膜上聚焦形成图像，反应时间延长。因此隧道照明需要采用加强人工照明的方法，合理确定隧道各分段亮度水平，最大程度减轻这种现象对行车视觉功效水平的影响。

相关研究表明瞳孔的应激变化大小随着光度水平的改变而变化，通过相关测试结果分析获知，瞳孔大小与照度呈对数一次线性关系，如式（5-1）所示 [4]。

---

[1] 胡英奎,翁季,李毅,等.道路照明条件下驾驶员瞳孔大小变化规律 [J].重庆大学学报,2010(8): 85–90, 102.

[2] Pokorny J, Smith V C. How much light reaches the retina?[M]. Colour Vision Deficiencies, Dordrecht: Kluwer Academic Punlishers, 1997: 491–511.

[3] 杜志刚,潘晓东,杨轸,等.高速公路隧道进出口视觉震荡与行车安全研究 [J].中国公路学报, 2007(5): 101–105.

[4] 杜志刚,潘晓东,郭雪斌.高速公路隧道进出口视觉适应实验 [J].哈尔滨工业大学学报,2007(12): 1998–2001.

$$\log\left(S_p\right) = a\log E + b \qquad (5\text{-}1)$$

式中：S_p——瞳孔面积大小；

   E——隧道照明路面平均照度水平；

   a、b——系数，与路面形制、材料及驾驶员视觉特性相关。

因亮度与照度呈现一定比例关系，对于不同材料特性的路面，相互间通过亮度系数 q 转化，若代入式（5-1）式则亮度与瞳孔大小关系则为 $\log(S_p)=a\log(L/q)+b$，通过整理后为：

$$S_p = 10^b q^{1-a} \times L^{a-1} \qquad (5\text{-}2)$$

上列各式表明瞳孔尺寸的变化与亮度成幂函数关系，与实验心理学中"史蒂夫幂定律"相符[1]，说明在白昼行车条件下，环境亮度水平的变化影响驾驶员的瞳孔变化情况。

隧道内部（过渡段照明）照明水平变化的激烈程度相比出入口段有所下降，但眼瞳孔变化仍然受到环境亮度的影响，对于不同类型隧道来说，亮度水平对瞳孔尺寸的影响程度各有差异，短隧道瞳孔变化一般相对较为平缓，而中、长隧道变化较大，过于激烈或过于频繁的瞳孔变化会带来视觉疲劳及视觉功效的下降。

二、Cirtopic 视觉效应对瞳孔变化的影响

对于传统的映像视觉模式来说，知觉器官是由眼球、视神经和大脑皮层视区组成的视觉结构总体，视觉产生的主要通路是"外界光线—视网膜（光信号转换）—视神经脉冲信号传输—丘脑膝弯曲叶交感神经—大脑视皮层区"，通过这样的信号处理和传输，在大脑内形成视觉映像感受，这是传统意义上用眼"看"的研究内容，锥状及杆状两种光感受细胞随着环境光度水平的变化在映像视觉中协同作用。在环境亮度大于 $3cd/m^2$ 时，视网膜上的锥状细胞起作用，即"Photopic"，称为明视觉，人眼除能接收亮暗刺激，同样也有对色彩的感知；当视野中环境亮度低于 $0.03cd/m^2$ 时，则由杆状细胞主导作用，即"Scotopic"，称为暗视觉，人眼只有灰度的感受而无色彩感；环境亮度处于中间阶段时为"Mesopic"，即中间视觉，此时两种光感细胞同时作用。从 20 世纪 20 年代开始，相关的视觉研究就基于映像视

---

[1] 孟庆茂,常建华. 实验心理学 [M]. 北京:北京师范大学出版社,1999.

觉理论建立了完整的测试、计量及计算方法，为以后道路、隧道等各领域照明应用研究奠定了理论基础 **❶❷**。

关于生物节律（生物钟）的变化对人类日常活动的影响早在 20 世纪就已进入科学的研究范畴，如不同经度时差的调整、夜间工作人员的行为变化及城市与郊区各种生物行为等，这些现象出现的原因是天然光、人工光的参与，也可以说由于环境光的差异性变化而产生的影响，研究推断应该存在一种能够决定生物节律的光感受器存在。21 世纪初，科学家发现了在人类视网膜上还存在第三种光感细胞，这种细胞是非视觉的，不能产生视看感受，但可以决定人类的生物节律和生理活动水平和状态，被称为"Cirtopic"，顾名思义是由"Circle"变体而来，即生物节律、循环之意，Cirtopic 视觉的信号传递通路如图 5-1 所示，即"外界光环境—神经节细胞—下丘脑通路—视神经交叉上核（SCN）—脑室外神经核（PVN）和上部颈神经神经结—松果体腺"，说明 Cirtopic 感光细胞会对褪黑色素的分泌产生刺激，褪黑色素则具有影响和调节人体活动机制的作用 **❸**。

视神经交叉上核是内源性振荡器，是生物钟，振荡周期为 24.5 小时。在正常情况下，主要是依靠光的刺激调整生物钟，每天清晨，光照把睡眠和清醒周期调整得与白天和黑夜周期一致。而在暗的条件下，松果体腺合成褪黑激素，并由血液吸收带至全身，有利于人们休息睡觉。

生物学及视觉科学的相关研究表明，不同光谱成分对褪黑色素分泌的影响不同，存在相应的"响应曲线"，该曲线和映像视觉中明暗视觉光谱光视效率曲线相似，但在峰值及变化数值上有所区别，直接影响瞳孔尺寸变化，美国著名照明

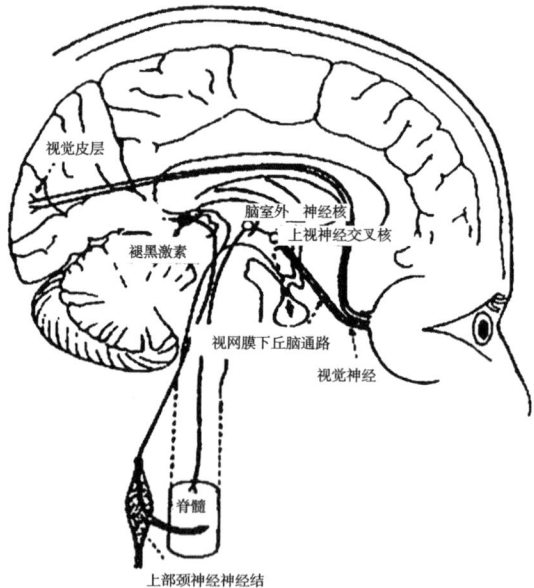

图 5-1 Cirtopic 视觉感知过程示意 **❹**

---

❶ 林大植,吴辛甲,陈遐举.中间视觉光谱光效率函数的测量 [J].计量学报,1988(2):81–87.
❷ 陈仲林等.在道路照明条件下中间视觉问题研究 [C].绿色建筑与建筑物理——第九届全国建筑物理学术会议论文集(一).中国建筑学会建筑物理分会,2004.
❸ 杨公侠,杨旭东.人类的第三种光感受器(上)[J].光源与照明,2006(2):30–31.
❹ 同 ❸.

学家伯曼（Berman）进行了大量关于 Cirtopic 视觉的实验研究，从与暗适应曲线相似的、控制褪黑色素水平作用的光谱中可获得有力支持，获得的视觉灵敏度函数 CSF（Cirtopic Sensitivity Function）与锥状、杆状感光细胞的响应曲线都存在差异 ❶，国内相关学者利用适应状态下的视觉功效法获得的瞳孔大小变化的结果，也与 Cirtopic 曲线相一致 ❷，人类的 Cirtopic 视觉效率曲线的最大值在 490nm 左右，如图 5-2 所示。

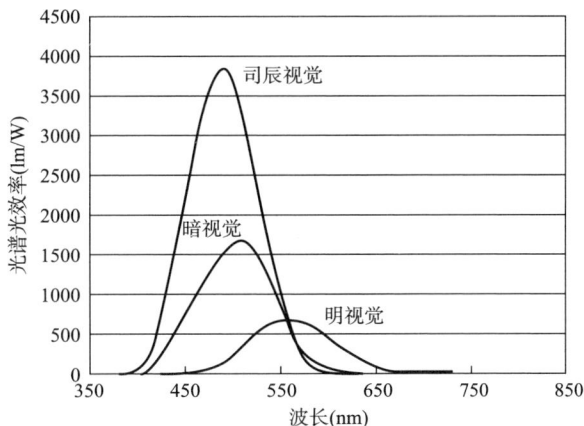

图 5-2　人类三种光感受器的响应曲线 ❸

在交通照明中考虑非视觉效应影响的研究是从近年开始的，Cirtopic 效应是一种非视觉状态的描述，其研究成果对隧道照明工程设计的影响是不能忽略的，即由隧道照明常用光源类别、参数不同而引起的对生物节律行为的作用，以此带来视觉功效水平的变化 ❹。

在 Cirtopic 视觉理论提出后，推测出瞳孔尺寸受到一种以上的光感受器的影响，非映像视觉效应的光谱效率函数与瞳孔大小呈现了很好的相关性，明视觉条件下，亮度知觉和瞳孔大小的研究表明富含蓝绿光的光谱范围更有利于视觉敏锐度的提高，瞳孔尺寸变化需要考虑 Cirtopic 视觉条件的影响作用，这是与个体自身因素密切相关的。

对于标准视觉测试者来说，由光谱功率分布不同而带来的瞳孔大小的变化与相应的 Cirtopic 视觉照度水平相关，对于第三种感光细胞来说，其光

❶ Sam M. Berman, Robert D. Clear. Past vision can Support a Novel Human Photoreceptor [R]. 2005 International Lighting Conference"Lighting in the 21 Century"Proceedings Leon Spain, 2005.

❷ 胡英奎, 翁季, 李毅, 等. 道路照明条件下驾驶员瞳孔大小变化规律 [J]. 重庆大学学报, 2010(8): 85-90, 102.

❸ 章海骢. 照明科学的新进展——眼睛的非视觉效应 [J]. 照明工程学报, 2006(3): 1-3.

❹ 同 ❸.

谱响应函数也可以参照明、暗视觉条件下的光谱光视效率表达式进行描述，则有：

$$\eta_c = K_{mc} \int \Phi_e(\lambda) V_c(\lambda) \mathrm{d}\lambda / \Phi_e \qquad (5-3)$$

式中：η_c——光源的 Cirtopic 视觉发光效率，单位为 lm/W；

K_{mc}——Cirtopic 视觉光效能最大值，为 3850 lm/W；

$\Phi_e(\lambda)$——光源的光谱功率分布，单位为 W/nm；

$V_c(\lambda)$——Citopic 视觉光谱光效率；

Φ_e——光源的功率，单位为 W。

在暗视觉条件下，照明光源的发光效率按式（5-4）进行计算：

$$\eta' = K_m' \int \Phi_e(\lambda) V'(\lambda) \mathrm{d}\lambda / \Phi_e \qquad (5-4)$$

式中：η'——暗视觉时光源的发光效率，单位为 lm/W；

K_m'——暗视觉时光视效能最大值，为 1700 lm/W；

$V'(\lambda)$——暗视觉光谱光视效率。

目前在进行道路隧道照明设计时，一般采用 2° 视野明视觉条件下的光谱光视效率，并按式（5-5）计算光源的发光效率：

$$\eta = K_m \int \Phi_e(\lambda) V(\lambda) \mathrm{d}\lambda / \Phi \qquad (5-5)$$

式中：η——明视觉时光源的发光效率，单位为 lm/W；

K_m——明视觉时光视效能最大值，为 683lm/W；

$V(\lambda)$——明视觉时 2° 视野的光谱光视效率。

分析以上各视觉条件的计算函数可知，若仅采用明视觉的光谱光视效率曲线进行研究，忽略了在隧道照明中涵盖暗视觉效应的影响，即锥状细胞及杆状细胞共同作用的照明范畴，与客观实际情况不符。同时，Cirtopic 属于非映像视觉效应，控制生物节律强度，影响瞳孔尺寸的变化，所以必须考虑 Cirtopic 视觉的光谱敏感度及对瞳孔大小的影响，才能获得相应准确的视觉功效水平变化的规律。

在已有 Cirtopic 视觉的研究成果当中，重庆大学学者在进行反应时间视觉功效实验的同时，采集了瞳孔尺寸的变化数据，进一步验证了 Cirtopic 视觉照度与瞳孔大小的关系，不论在隧道或者道路照明条件下，当采用映像视觉所确定的亮度水平、对比度及视角等因素完全相同时，人眼的视觉功效水平由瞳孔的尺寸大小所确定，根据式（5-3）对 Cirtopic 视觉响应曲线的描述，可知光源光谱中短波含量丰富能够有利于人眼瞳孔的收缩，瞳孔尺寸越小，则更有利于聚焦，提高可见度水平，若瞳孔尺寸相对增大，则容易产生眩光干扰等视觉不舒适感，出现视力下降、可见度降低的现象 ❶。

三、视觉适应过程中的瞳孔变化

在不考虑个体条件差异的情况下，瞳孔尺寸受到环境亮度水平、光源光谱功率分布及 Cirtopic 视觉生物节律（褪黑色素分泌）控制的共同作用，瞳孔的大小变化规律似乎不能完全归属于某一因素的主导作用。在对实验鼠的研究过程中发现了非映像视觉的感光细胞对生物节律、瞳孔的作用，缺失其他两种映像视觉感光细胞（锥、杆状）的转基因鼠的研究结果表明其依然存在昼夜节律控制，瞳孔大小仍有刺激变化，这可以有力地证明非映像视觉对瞳孔尺寸的影响，但此时的光刺激强度需要高出 100 倍时才会发生。另一项实验研究是利用没有第三种感光细胞的转基因鼠进行类似实验，其瞳孔光反射（瞳孔大小的变化作用）呈现和野生鼠类似的变化，研究结果说明了瞳孔尺寸状态可能是一种以上的感光细胞作用的结果。

在研究人眼视觉适应状态下瞳孔尺寸变化规律时，需要考虑三种感光细胞的适应状态变化及其对瞳孔共同作用的综合结果，基于本书对隧道照明视觉适应影响因素的研究，把瞳孔尺寸作为影响隧道过渡段视觉适应的重要因素之一，不仅因为瞳孔变化与适应亮度的改变相关，还包括控制瞳孔大小的非视觉效应可能对驾驶员自身生理因素产生的影响。相关研究同时表明，第三种光感受器也具有很长的、潜伏期较小的光适应 ❷，瞳孔尺寸则可以在适应过程中较好描述 Cirtopic 视觉特性。根据前述实验研究结果，环境适应亮度、光源色温与被试者反应时间水平的函数关系，与完全适应条件下获得的研究结果存在差异，是在加入视觉适应条件后，每种光谱组成对适应水平影响程度的不同造成的，偏暖光更有利于视觉适应的快速完成，瞳孔大小的变化又与光谱功率分布存在密切关系，所以，应在过渡段视觉适应的实验过程中，研究和讨论瞳孔尺寸变化与亮度水平、光源色温等因素之间的关系。

---

❶ 李毅. 基于光生物效应的道路照明安全研究 [D]. 重庆：重庆大学，2009.
❷ 杨公侠，杨旭东. 人类的第三种光感受器（上）[J]. 光源与照明，2006(2)：30-31.

第二节　视觉适应条件下的瞳孔尺寸实验

一、实验测试设备

传统的瞳孔测量采用手电筒和瞳孔测量尺、半圆板或对照图表等人工手段 [1]，估判在暗视觉条件下的瞳孔尺寸，该测试手段所获得的数据误差较大，而且存在测值重复性差和测量的瞳孔反应参数少等缺点。随着科学技术的不断发展，医学领域中某些眼部疾病诊断的需要和屈光手术质量的要求，以及新药的自主神经效果观察和新仪器临床研究的需求，新的瞳孔测量技术不断开发和涌现出来，尤其是以红外技术为基础的瞳孔检查仪得到广泛应用，如目前临床应用中红外瞳孔检查仪、红外自动瞳孔动态检查仪、红外视频视觉分析瞳孔检查仪等仪器，它们的空间分辨率一般在0.101~0.116mm 范围内，测量精度较高，能满足瞳孔大小的测量需要。本书实验研究同样利用高精度红外线测试技术的眼动仪设备，在方便与自制实验装置进行组合的同时，保证了测试数据的精确性和科学性。

瞳孔尺寸测试设备采用的是德国进口 I VIEW X 数字眼动仪，系统包括被试者头盔、数据传输采集和计算机终端三个部分。

测试头盔配备有半反半透镜片和红外线发射装置，当被测者佩戴头盔进行视看时，被测者眼部的红外线反射被摄像机记录下来，并捕捉眼球的运动轨迹及瞳孔尺寸的即时变化值，可以和场景视频录像叠加，确定被测人员的注视点，所有采集到的信息都集中到一个高性能的 PC 工作站中，运用 OBSERVER 行为分析软件进行视觉心理分析，本书实验中主要用于与人眼适应状态下响应相关的瞳孔直径的测试，图 5-3 是在后台程序中捕捉和调整瞳孔尺寸的界面。

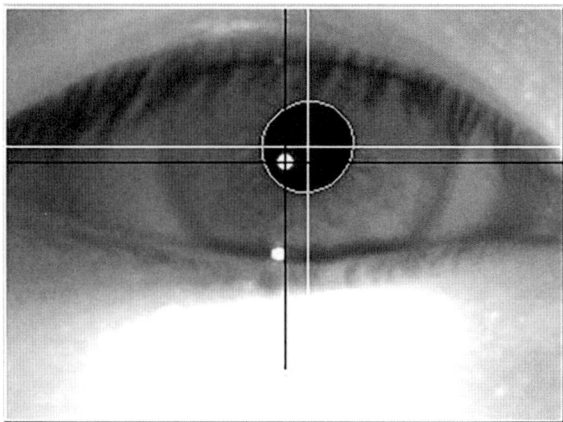

图 5-3　IVIEW X 眼动仪后台程序捕捉瞳孔尺寸

---

[1] 刘瑛,叶秀兰,练苹,等. 临床瞳孔检查新进展 [J]. 国际眼科,2004(6):1077-1080.

二、实验步骤

瞳孔大小的测试是基于适应亮度的实验研究同步进行的（图3-6），在测试过程中，每位被试者都要求佩戴好装置头盔，并调整场景及眼部摄像头达到最佳视看和显示位置，让被试者处于最舒适、最自然的状态下进行视看，实验流程与适应亮度实验一致。

测试前须进行瞳孔尺寸的校准，采用一个模拟标准人眼瞳孔的 5mm 直径黑点，置于眼前瞳孔位置进行调整校正。实验从对初始亮度的适应开始，在完全适应后适应亮度背景出现，整个过程中应始终保持头盔与被试者头部的固定，避免因相对移动导致校准失效而产生测试误差。

在设定的适应时间完毕后目标物出现，此时电子控制台与 I VIEW X 后台程序联动，开始自动记录人眼瞳孔状态，直至被试者按下反应按钮，后台程序停止记录，瞳孔尺寸数据与反应时间数据达到同步。

眼动仪在实验过程中全程记录被试者在察觉目标物到反应时的瞳孔尺寸变化，瞳孔大小间断点不超过总时间的 20% 视为有效数据，否则予以删除 ❶，实验考察的不是瞬间亮度变化引起的瞳孔视觉震荡或虹膜震颤，而是不同适应时间状态下相应的瞳孔尺寸变化规律。

第三节　实验结果分析

I VIEW X 数字眼动仪测试数据所记录的是瞳孔在 x、y 方向上的尺寸，根据一般反应时间快慢的不同，每一次反应测试约 50 组数据，其中记录有效值平均在 20 组左右，则被试者每次测试平均获得约 2000 组数值，每位被试者在系列实验中共约有 28000 组测试数据，5 位被试者共计获得约 140000 组 x、y 轴线瞳孔直径数据。对于过于庞大的数据处理，考虑数据对应的关系，视瞳孔为一个近椭圆，则 x、y 分别是椭圆的两轴线，并针对每一次测试计算出椭圆面积作为瞳孔大小的衡量指标，人工去除因主观原因造成的明显异常数据，则最后处理获得的瞳孔数据约为 70000 组。因测试瞳孔大小数据是连续变化的状态，对每次适应时间内的瞳孔面积数据求均

❶ 杜志刚,潘晓东,杨轸,等.高速公路隧道进出口视觉震荡与行车安全研究[J].中国公路学报,
　2007(5):101–105.

值，对应反应时间数据，再把每三次测试的平均瞳孔尺寸（面积）数据进行均值化，以获得各被试者在相同测试条件下（适应亮度、适应时间及色温）对应的瞳孔尺寸。

一、光源色温与瞳孔尺寸的关系

在 Cirtopic 视觉中，瞳孔尺寸的变化可以用来描述光谱响应曲线的特征，参照传统视觉效率曲线的表示方法，视觉功效水平可以表征对不同颜色光谱的敏锐度，瞳孔面积与反应时间水平呈现反比关系，对每位被试者在不同适应时间及亮度条件下的瞳孔面积值进行均值化处理，并用瞳孔面积倒数的形式描绘出与光源色温的函数关系，可以直观地与 Cirtopic 灵敏度响应曲线进行比较，如图 5-4 所示。

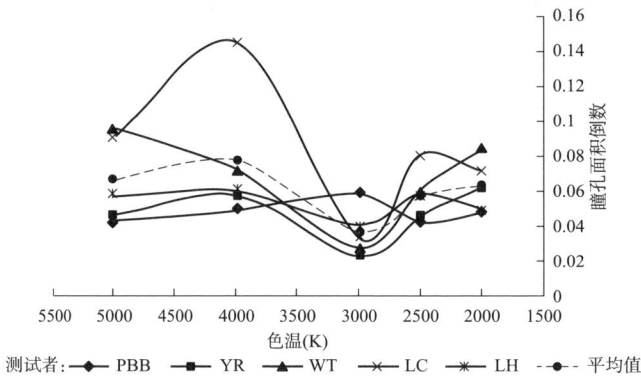

图 5-4　测试者瞳孔面积倒数均值与色温的关系

从各被试者瞳孔变化受色温的影响情况来看，虽然横坐标参数不同，但都是对光源色温的描述，白光系的色温值中，由右往左颜色分别由暖向冷色光过渡，与单一的 CSF 曲线（Cirtopic 视觉灵敏度函数）相比：

（1）描述视觉功效水平的瞳孔尺寸变化与 CSF 曲线趋势相近，偏短波长的光谱更有利于瞳孔收缩聚焦（瞳孔尺寸小），CSF 在 490nm 达到响应的峰值。

（2）通过环境亮度变化产生人眼适应状态对第三类光感细胞作用的响应结果可知，曲线呈现出不同于 CSF 曲线正态分布的变化规律，低色温条件下同样出现了瞳孔尺寸的减小，色温与视觉灵敏度并不呈现预想的单一趋势关系，仅在某些范围内相符。

（3）各被试者的响应曲线有所区别，除 001 号测试者 PBB 外，虽然变化幅度不同，但走势相近。

数据分析结果说明了对于隧道照明过渡段适应问题研究，直接影响瞳孔尺寸的光谱灵敏度在不同适应状态下的变化，不能仅依靠非视觉效应的灵敏度曲线来进行计算和描述，被试者个体因素的差异也会对瞳孔的变化规律产生影响。

二、反应时间与瞳孔尺寸的关系

反应时间水平在道路、隧道照明研究中是表征视觉功效高低的参数，瞳孔大小状态受到视觉适应中光刺激变化的影响，这是基于多种感光细胞共同作用的综合效应，瞳孔尺寸的变化对隧道照明视觉功效本身具有直接的影响作用，瞳孔尺寸变小，有利于聚焦、减少眩光，使视觉可见度提高；瞳孔尺寸变大则视觉功效水平降低，反应时间与瞳孔大小存在相关性，说明瞳孔变化对视觉功效影响的重要性。

利用专业统计分析软件 Origin，对不同光源及适应亮度变化条件下，每一位被试者瞳孔尺寸及对应的反应时间数据进行分析，由表 5–1 可以看出，瞳孔大小与反应时间在 0.01 的水平上是显性相关的。

表 5–1　瞳孔大小与反应时间的相关性分析

		瞳孔大小	反应时间
瞳孔大小	Pearson 相关性	1	0.262[**]
	显著性（双侧）		0.000
	N	825	825
反应时间	Pearson 相关性	0.262[**]	1
	显著性（双侧）	0.000	
	N	825	825

** 在 0.01 水平（双侧）上显著相关。

实验确定了视觉适应过程中反应时间水平受瞳孔尺寸变化的影响，通过对测试均值数据的分析可知：

（1）二者变化趋势不能用某种规律或函数关系进行描述或概括，这是因为反应时间是由亮度水平主导作用的，在一定的适应状态下，瞳孔尺寸对视觉功效产生的影响是间接、辅助的。

（2）从变化的总体趋势来看，随着瞳孔尺寸的增大，整体反应时间数值有所上升，再次证明了瞳孔增大（不利于聚焦）会对视觉功效（响应）水平的提升起负作用。

综上所述，反应时间随瞳孔增大而出现的不规则变化，除了考虑加入环境亮度变化（适应）的影响，还应考虑针对非视觉效应的个体条件差异及光色参数的影响。

三、基于视觉适应条件的亮度水平与瞳孔尺寸变化的关系

在隧道过渡段视觉适应实验中，每一次测试都对应一组瞳孔变化数据，在不同光源、不同适应时间条件下，根据测试结果讨论各被试者瞳孔大小受适应亮度水平变化的影响。由于实验选择了三类常见隧道照明光源（HPS、MH、LED），分别选取一种代表性的色温，对该条件下的测试数据进行处理、讨论和分析。

表 5-2 是每位被试者在高压钠灯 HPS 测试条件下，不同适应时间及适应亮度水平对应的瞳孔面积测试均值数据，表中以英文缩写代表不同被试者名称，明确的数据对应关系可以便于分析亮度变化对瞳孔尺寸的影响。

表 5-2　不同适应亮度水平下高压钠灯的瞳孔面积实测均值

被测者	适应时间亮度（cd/m²）	瞳孔面积（mm²）				
		5s	10s	15s	20s	30s
PBB 22岁	0.8	26.2	25.3	28.0	28.8	29.5
	2.4	24.7	21.9	25.9	24.5	27.6
	7.2	23.5	21.3	22.2	22.9	25.3
	11.0	18.9	19.7	22.1	21.9	23.4
	21.6	18.8	19.5	15.2	20.5	20.4
	33.0	16.6	16.5	13.8	20.0	17.2
	100.0	14.2	15.7	13.0	10.8	16.5
YR 24岁	0.8	17.8	17.4	17.5	19.1	19.2
	2.4	17.5	17.3	17.0	18.1	18.0

被测者	适应时间亮度 （cd/m²）	瞳孔面积（mm²）				
		5s	10s	15s	20s	30s
YR 24 岁	7.2	15.9	16.6	16.9	18.0	17.2
	11.0	14.9	16.5	16.5	17.9	17.1
	21.6	12.7	16.2	16.4	15.9	16.0
	33.0	12.7	14.2	16.2	14.9	15.3
	100.0	11.3	12.4	14.3	13.4	14.5
WT 24 岁	0.8	12.5	13.5	14.5	16.1	14.2
	2.4	11.5	13.3	13.4	14.9	14
	7.2	11.1	13	13.2	12.9	12.9
	11.0	10.5	12.5	12.7	12	12.1
	21.6	9.7	10.2	12.6	11.5	11.8
	33.0	8.9	9.8	10.2	10.3	10.5
	100.0	8	9.7	10	8.6	9.9
LC 25 岁	0.8	15.4	14.8	16.4	17.7	17
	2.4	14	13.5	15	15.7	16.8
	7.2	13.7	13	14.3	14.4	16.1
	11.0	13.3	12.4	14.2	14	15.9
	21.6	12.9	11.9	13.6	13.4	15.8
	33.0	10.8	11.4	12.8	11.6	15.5
	100.0	8.24	10	11.7	10.9	13.6
LH 25 岁	0.8	23.2	22.9	22.1	24.8	23.3
	2.4	22.5	22.1	22.1	23.1	23.3
	7.2	22	22	22	22.7	21.8
	11.0	19.8	21.4	21.4	21.9	21.7
	21.6	19.44	21.2	21.1	21.7	21.3
	33.0	13.6	16.2	19.6	18.2	20.7
	100.0	13.6	11.3	10	16.1	19.7

从表 5-2 的测试数据中可以看出，相同光源照明条件下，不同被试者的瞳孔面积水平及变化有所区别，在实验前进行视力纠正是为了达到映像视觉的一致性，结果产生的差别受个体生理、心理状况的影响作用，其中 PBB、YR、LH 是视力纠正者，WT、LC 是标准视力者，高压钠灯光源的每位被试的瞳孔面积数据如图 5-5 所示。

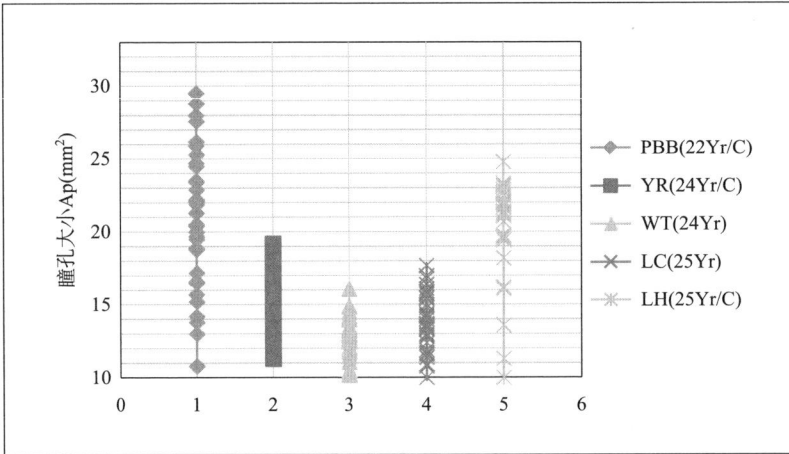

注：（1）图中 Yr 表示年龄，C 表示经过了视力矫正。
（2）图中对于单一被试的 Ap 数据分布影响因素为适应时间及适应亮度水平。

图 5-5　高压钠灯条件下各被试的瞳孔大小数据

由图 5-5 可以分析不同被试者的个体情况差异对瞳孔尺寸变化的影响。

（1）视力纠正人员与标准视力人员整体瞳孔大小水平有一定差异，经过矫正的被测者测得的瞳孔面积数值偏高。

（2）瞳孔尺寸的水平还与被试者年龄有一定的相关性，在视力状况相同的情况下（矫正或非矫正），年龄越大瞳孔面积的平均尺寸越大。

通过对其他光源条件下几名被试者的瞳孔尺寸数据变化的分析，同样呈现相似的变化规律。

根据表 5-2 瞳孔面积测试数据，可以绘制在高压钠灯条件下，各被试者对应不同适应时间的"瞳孔——适应亮度"变化折线图（图 5-6）。

由各被试者的数据图可以直观地了解在高压钠灯光源照明条件下，瞳孔面积随亮度变化以及受到其他影响因素的情况。

（1）随着适应亮度水平的增加，瞳孔面积逐渐减小，这与前面分析所得出的照明水平是决定瞳孔尺寸变化情况的主要因素相符。

（2）相同的色温条件下（同一光源），适应时间越短，瞳孔面积的变化越陡峭；适应时间越长，瞳孔的面积变化越平缓。

除 HPS 的数据外，同样对金卤灯 MH（4000K）及 LED（5000K）光源的瞳孔尺寸随适应亮度水平的变化数据进行了分析（表 5-3）。

PBB在不同适应时间下瞳孔大小与亮度关系(HPS)

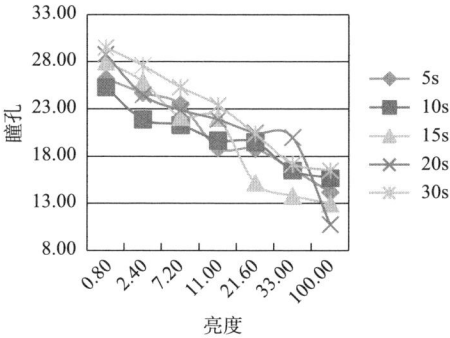

YR在不同适应时间下瞳孔大小与亮度关系（HPS）

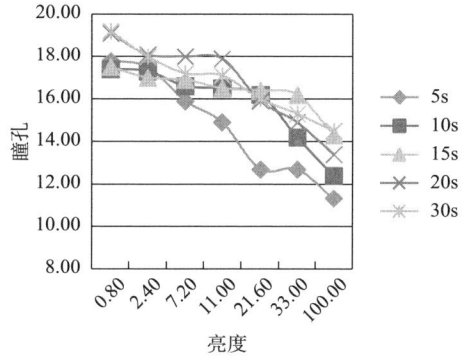

WT在不同适应时间下瞳孔大小与亮度关系(HPS)

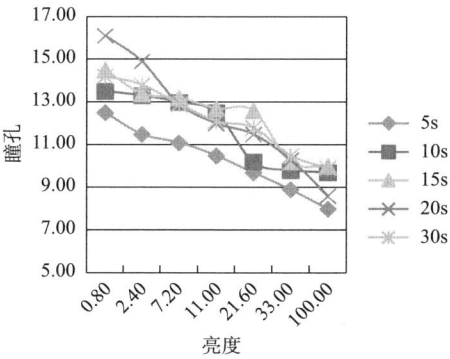

LC在不同适应时间下瞳孔大小与亮度关系(HPS)

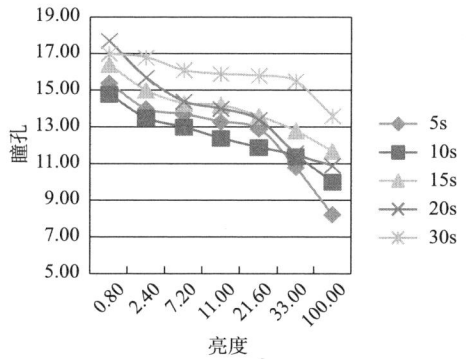

LH在不同适应时间下瞳孔大小与亮度关系(HPS)

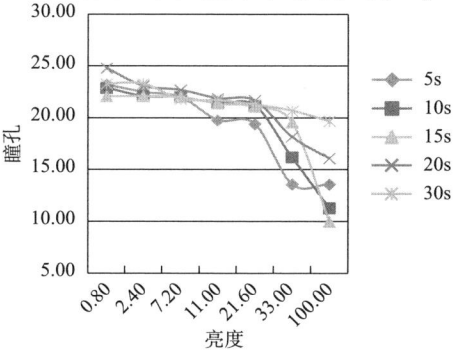

图 5-6　高压钠灯各被试的瞳孔大小与适应亮度的关系

表 5-3 不同适应亮度水平下金卤灯（4000K）的瞳孔面积实测均值

被测者	适应时间亮度（cd/m²）	瞳孔面积（mm²）				
		5s	10s	15s	20s	30s
PBB 22 岁	1.60	20.59	43.77	25.46	21.21	23.44
	4.80	19.88	22.68	24.32	19.64	22.87
	14.40	19.51	20.78	23.49	18.86	22.39
	22.00	19.09	20.69	20.48	18.36	20.86
	43.20	18.75	20.14	20.11	17.69	18.77
	66.00	18.45	17.52	19.99	16.79	16.80
	200.00	16.69	14.90	18.02	11.60	13.35
YR 24 岁	1.60	23.73	22.01	25.45	24.44	24.61
	4.80	21.33	21.58	22.31	24.29	22.62
	14.40	18.24	17.22	17.77	17.25	17.90
	22.00	16.04	15.97	16.18	15.77	17.53
	43.20	12.87	15.28	15.05	13.94	15.94
	66.00	12.78	12.63	13.73	13.56	14.52
	200.00	11.24	12.00	12.02	12.96	13.65
WT 24 岁	1.60	13.68	14.67	16.21	17.15	20.51
	4.80	12.41	14.26	15.04	16.33	18.45
	14.40	12.26	13.60	14.68	15.60	16.23
	22.00	12.19	12.31	14.25	14.66	15.89
	43.20	11.71	11.25	14.19	14.16	15.32
	66.00	11.65	9.94	12.76	13.24	14.65
	200.00	11.63	9.77	10.55	11.68	11.19
LC 25 岁	1.60	9.91	9.19	9.59	7.63	8.70
	4.80	9.02	7.76	9.30	6.77	7.29
	14.40	6.76	7.61	8.95	6.74	6.84
	22.00	6.75	6.86	6.45	6.47	6.56
	43.20	6.43	6.61	5.89	6.09	5.93
	66.00	5.90	6.42	5.84	5.68	5.82

被测者	适应时间亮度（cd/m²）	瞳孔面积（mm²）				
		5s	10s	15s	20s	30s
LC 25岁	200.00	5.50	5.51	5.08	5.25	4.63
LH 25岁	1.60	17.59	20.24	21.68	22.31	19.54
	4.80	16.20	18.41	18.96	19.68	18.55
	14.40	15.99	17.18	18.85	18.17	18.11
	22.00	15.24	16.87	15.85	17.72	17.93
	43.20	14.87	15.30	14.02	16.25	17.84
	66.00	12.20	12.39	13.89	15.24	15.55
	200.00	10.54	10.25	13.75	14.79	14.45

通过对表 5-3 数据分析可知，金卤灯（4000K）条件下，色温参数发生了变化，瞳孔面积大小的整体水平有所变化，但对于单一光源来说，HPS灯数据的分析结果仍是成立的，适应亮度仍然是瞳孔大小变化的主导因素，金卤灯瞳孔大小与适应亮度数据关系见图 5-7。

被试者 PBB 的测试数据中，在 10s 适应时间、低亮度水平下出现的数据震荡可以看作仪器记录误差（受被试者头盔佩戴状态、眼动红外摄像头对焦及瞳孔尺寸校准等原因影响），除此之外，上述瞳孔尺寸数据的变化规律基本与 HPS 变化一致，选取的 LED（5000K）作为测试分析是为了体现除光源类别不同外的色温差别，相应瞳孔面积测试结果如表 5-4 所示。

图 5-7

PBB在不同适应时间下瞳孔大小与亮度关系（MH4000K）

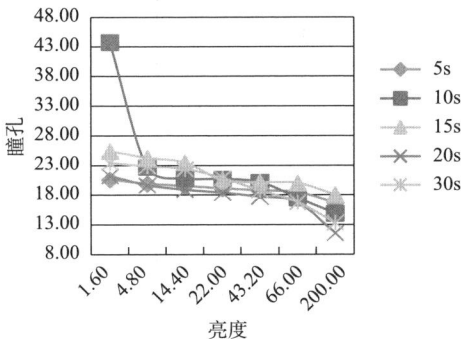

YR在不同适应时间下瞳孔大小与亮度关系（MH4000K）

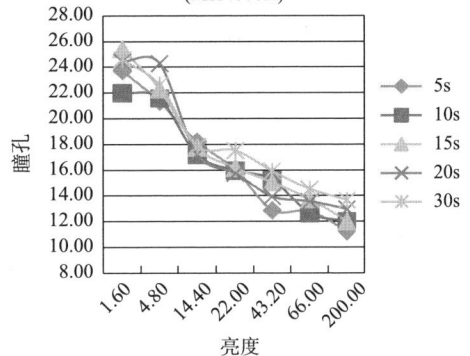

LC在不同适应时间下瞳孔大小与亮度关系
(MH4000K)

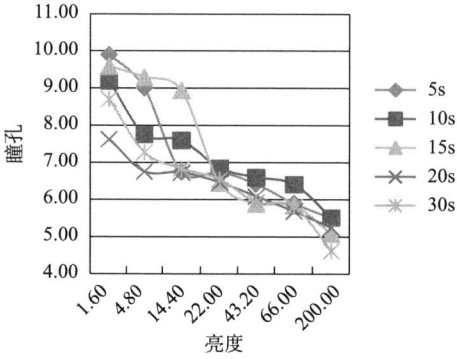

WT在不同适应时间下瞳孔大小与亮度关系
(MH4000K)

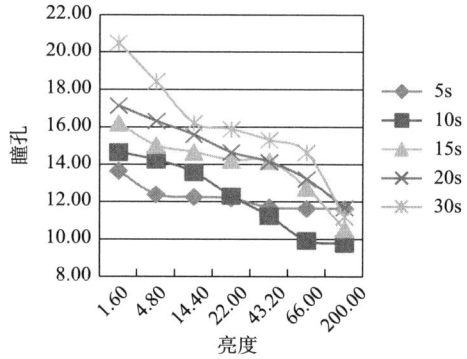

LH 在不同适应时间下瞳孔大小与亮度关系
(MH4000K)

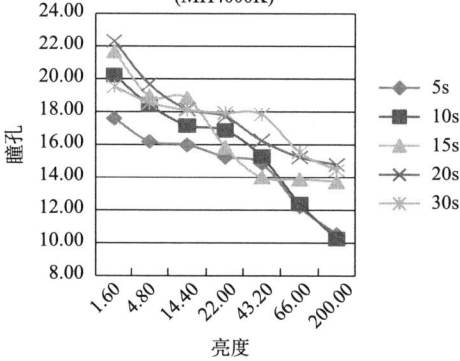

图 5-7　金卤灯 4000K 各被试的瞳孔大小与适应亮度的关系

表 5-4　不同适应亮度水平下 LED（5000K）的瞳孔面积实测均值

被测者	适应时间亮度 （cd/m²）	瞳孔面积（mm²）				
		5s	10s	15s	20s	30s
PBB 22 岁	0.24	26.16	27.17	28.14	29.07	28.22
	0.73	25.73	23.64	25.76	28.34	25.79
	2.20	23.70	23.62	23.61	26.21	25.47
	5.33	20.60	20.99	23.11	24.73	21.83
	6.60	19.30	20.56	21.60	23.51	21.78
	16.00	17.57	14.25	16.36	21.63	20.69
YR 24 岁	0.24	27.66	23.92	27.74	28.52	30.13

被测者	适应时间亮度（cd/m²）	瞳孔面积（mm²）				
		5s	10s	15s	20s	30s
YR 24岁	0.73	27.38	23.51	24.61	26.43	25.26
	2.20	25.73	22.67	22.52	25.53	24.84
	5.33	22.63	22.52	20.14	24.57	23.34
	6.60	18.89	20.39	19.93	24.03	23.28
	16.00	8.40	7.84	7.98	8.03	7.95
WT 24岁	0.24	11.21	14.89	17.09	12.37	11.26
	0.73	11.16	12.55	12.16	12.22	11.12
	2.20	10.43	11.30	10.34	12.15	11.03
	5.33	9.46	9.80	9.81	10.70	9.87
	6.60	8.40	7.84	9.64	8.75	9.14
	16.00	7.55	5.82	7.98	8.03	7.95
LC 25岁	0.24	12.24	12.52	12.54	14.67	13.08
	0.73	11.09	11.46	11.81	12.11	12.84
	2.20	10.93	10.86	11.79	11.93	11.75
	5.33	9.90	10.42	11.60	10.75	11.53
	6.60	8.84	10.01	9.68	10.14	10.14
	16.00	8.57	9.94	6.51	9.44	9.62
LH 25岁	0.24	20.69	19.89	22.20	19.84	20.30
	0.73	18.38	18.29	20.30	18.94	19.77
	2.20	18.02	16.27	18.83	18.65	19.26
	5.33	16.51	14.30	17.94	16.89	17.78
	6.60	16.44	12.60	16.20	16.05	16.25
	16.00	14.11	8.31	13.97	15.55	16.00

高色温 LED 光源 (5000K) 条件下，各被试者的瞳孔面积随适应亮度的变化规律见图 5-8。

通过对三种主要类别隧道照明光源条件下视觉适应的瞳孔尺寸数据分析，照明水平（照度/亮度）已经被证明是影响瞳孔尺寸的主导因素，而

Cirtopic 视觉对瞳孔的作用，则是因光源光谱及色温的不同产生的，瞳孔尺寸的变化状态不只取决于单一光感受器的影响。隧道照明过渡段视觉的实验研究以人眼的适应状态为前提，考虑了因适应引起的与瞳孔尺寸相关的非视觉效应灵敏度变化，符合过渡段的实际视觉情况。

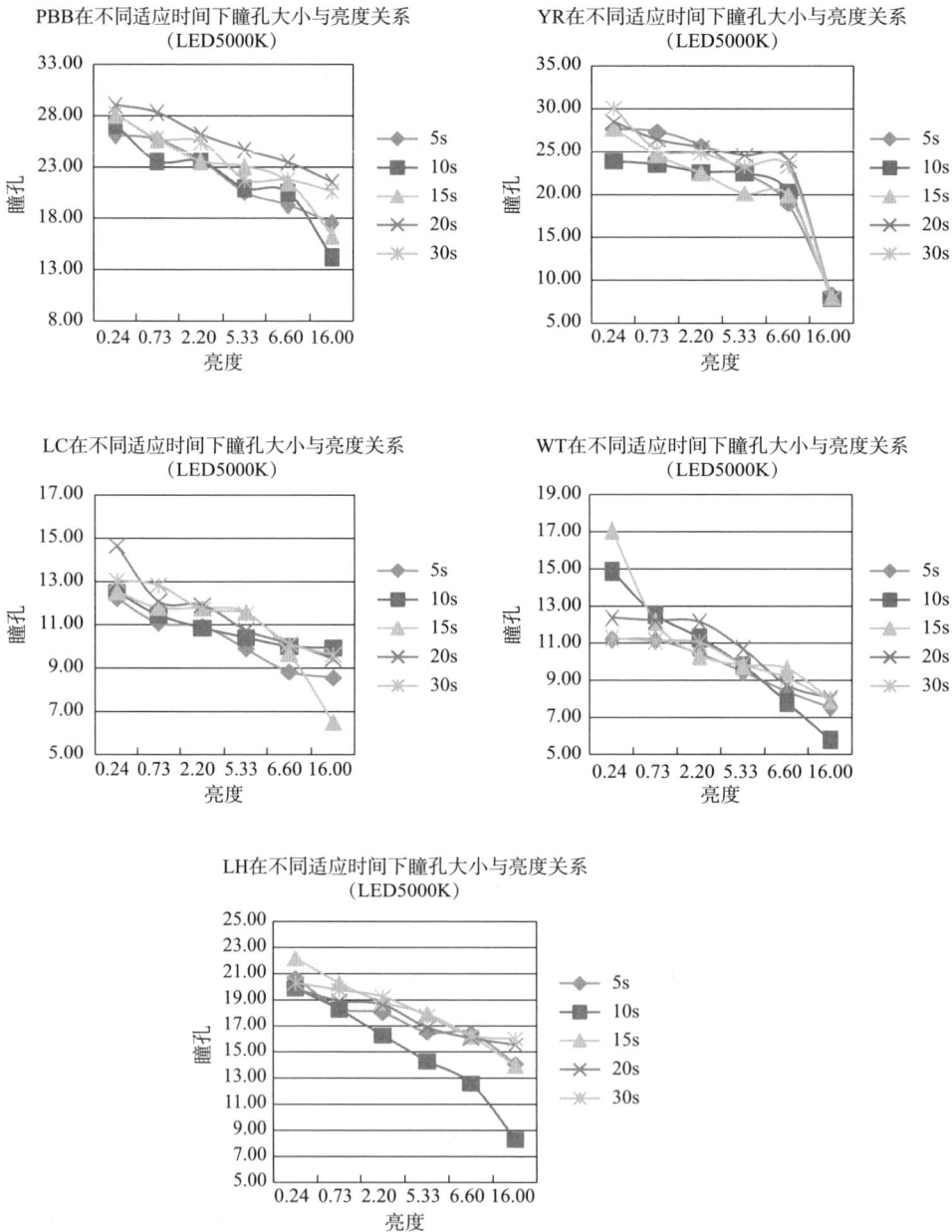

图 5-8　LED5000K 各被试的瞳孔大小与适应亮度的关系

排除因被试者自身因素不同引起的瞳孔变化，亮度已被证明是影响瞳孔尺寸的主导因素，而光谱组成、非视觉效应对瞳孔的影响，则因引入视觉适应条件而产生了与传统研究结果不同的变化，利用专业软件对各光源的测试数据拟合分析，获得瞳孔尺寸与视觉适应亮度水平符合式（5–6）关系：

$$A_p = a\mathrm{e}^{-L_a/b} + c \qquad\qquad （5\text{–}6）$$

式中：A_p——瞳孔尺寸；

　　　L_a——适应亮度水平；

　　　e——自然对数底数；

　　　a、b、c——系数，与色温、适应时间及个体条件差异相关。

由式（5–6）可知，适应亮度水平与瞳孔尺寸的关系与"亮度—反应时间"的函数有相近之处，这是因为已有研究结果明确了瞳孔大小变化影响视觉功效表现，视觉适应实验中分析了亮度水平对反应时间的影响，从而得出了相似的拟合函数关系式。

针对各类光源，每位被试者在不同的适应时间条件下有不同的参数水平，图 5–9 为被试者 PBB 在高压钠灯照明条件下的瞳孔大小与适应亮度的拟合曲线图示意。

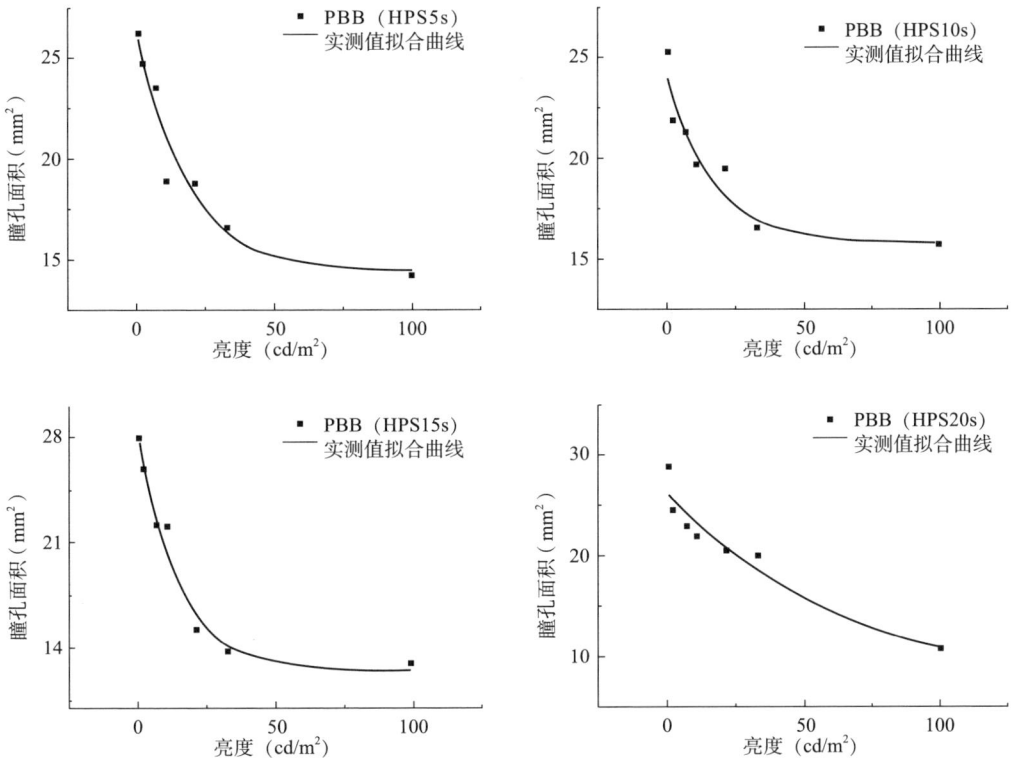

图 5–9

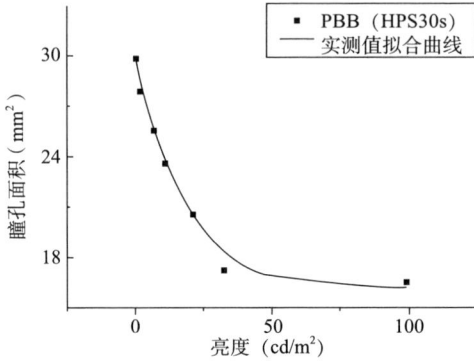

图 5-9　高压钠灯条件下被试 PBB 不同适应时间的瞳孔与亮度的关系

表 5-5～ 表 5-7 为三类代表性隧道光源照明条件下，各被试者在不同适应时间（适应水平不同）的"瞳孔尺寸—适应亮度"拟合函数的系数值。

表 5-5　HPS 瞳孔尺寸与适应亮度水平关系拟合系数

光源	被测者	适应时间	c	a	b	调整自由度后决定系数 / 判定系数
HPS	PBB	5s	14.44	12.02	17.59	0.92389
		10s	15.77	8.62	16.91	0.86321
		15s	12.48	16.32	14.87	0.96327
		20s	7.13	19.19	62.8	0.87931
		30s	16.18	13.76	16.55	0.98613
	YR	5s	11.39	6.911	15.996	0.98081
		10s	11.34	6.21	55.04	0.94118
		15s	11.41	5.8	144.39	0.94533
		20s	13.09	6.02	30.82	0.92544
		30s	14.55	4.4	18.05	0.95261
	WT	5s	7.98	4.35	21.34	0.97221
		10s	9.399	4.62	17.94	0.89404
		15s	9.77	4.54	25.54	0.83672
		20s	8.94	6.97	16.67	0.94004
		30s	9.87	4.42	19.68	0.96658
	LC	5s	7.15	7.79	50.32	0.94053

光源	被测者	适应时间	c	a	b	调整自由度后决定系数/判定系数
HPS	LC	10s	10.09	4.25	22.7	0.91447
		15s	11.77	4.13	21.83	0.8963
		20s	11.04	6.18	15.57	0.9056
		30s	12.37	4.42	79.79	0.93374
	LH	5s	12.91	10.99	25.14	0.8479
		10s	4.71	18.46	95.37	0.91627
		15s	26.88	−4.61	−77.02	0.99714
		20s	15.39	9	37.38	0.90726
		30s	19.8	3.58	20.44	0.92365

表 5-6 MH4000K 瞳孔尺寸与适应亮度水平关系拟合系数

光源	被测者	适应时间	c	a	b	调整自由度后决定系数/判定系数
MH4000K	PBB	5s	16.34	3.91	88.34	0.93919
		10s	18.8	63.07	1.73	0.92837
		15s	18.51	7.18	27.14	0.89518
		20s	7.20	13.14	184.86	0.95276
		30s	12.60	11.25	71.32	0.99055
	YR	5s	11.58	12.80	20.98	0.98899
		10s	12.28	10.56	23.62	0.94834
		15s	13.18	13.18	14.84	0.96378
		20s	13.17	13.64	13.77	0.9623
		30s	14.32	11.18	15.84	0.96533
	WT	5s	11.87	3.11	2.90	0.82086
		10s	9.58	5.49	33.83	0.97103
		15s	9.67	6.04	105.19	0.92764
		20s	11.67	5.31	50.03	0.97007

光源	被测者	适应时间	c	a	b	调整自由度后决定系数 / 判定系数
MH4000K	WT	30s	11.39	8.04	52.27	0.84635
	LC	5s	5.91	4.68	10.68	0.94789
		10s	5.82	3.03	26.02	0.83058
		15s	5,14	4.97	25.92	0.87793
		20s	5.26	2,12	40.78	0.89374
		30s	4.84	3.37	36.48	0.84952
	LH	5s	10.03	7.27	70.80	0.92136
		10s	9.90	9.98	56.33	0.95776
		15s	13.54	8.30	19.96	0.9096
		20s	15.04	7.06	19.92	0.93474
		30s	14.02	5.25	74.68	0.87935

表 5-7 LED5000K 瞳孔尺寸与适应亮度水平关系拟合系数

光源	被测者	适应时间	c	a	b	调整自由度后决定系数 / 判定系数
LED5000K	PBB	5s	17.02	9.86	5.09	0.99012
		10s	3.27	22.65	22.29	0.91408
		15s	10.15	16.99	16.17	0.90857
		20s	21.24	8.05	5.49	0.98328
		30s	20.51	7.69	3.60	0.92065
	YR	5s	−607.9	636.17	502.53	0.98474
		10s	25.65	−1.87	−7.09	0.98944
		15s	250.26	−223.95	−204.45	0.9525
		20s	30.02	−2.67	−7.59	0.98197
		30s	34.94	−7.34	−12.3	0.92185
	WT	5s	7.00	4.51	7.22	0.95578
		10s	5.26	9.20	5.88	0.92949
		15s	9.37	12.17	0.52	0.90653

光源	被测者	适应时间	c	a	b	调整自由度后决定系数 / 判定系数
LED5000K	WT	20s	6.94	5.86	8.76	0.83942
		30s	6.56	4.93	12.28	0.95362
	LC	5s	8.39	3.75	4.55	0.88608
		10s	10.07	2.64	1.61	0.92698
		15s	19.87	−7.48	−27.51	0.91338
		20s	9.64	4.59	2.93	0.80007
		30s	9.34	3.88	5.91	0.88358
	LH	5s	13.62	6.37	6.83	0.86538
		10s	5.72	13.96	9.61	0.97916
		15s	13.22	8.54	6.83	0.92392
		20s	15.28	4.68	4.70	0.9457
		30s	15.63	4.98	5.09	0.9078

利用拟合的视觉适应亮度与瞳孔尺寸的函数关系模型相关性较好，符合隧道照明的视觉特性。对于隧道照明过渡段某一设计亮度水平，若要确定对于该亮度刺激完全适应状态下的瞳孔尺寸，只需考察该亮度水平对应的适应时间，即可确定函数式（5-6）的计算系数，从而获得相应的瞳孔尺寸状态。

第四节　本章小结

瞳孔尺寸的变化在隧道照明过渡段适应过程中是持续的，基于 Cirtopic 视觉的最新理论研究成果可知，瞳孔大小与第三种感光细胞灵敏度变化相关，基于瞳孔尺寸的非映像视觉灵敏度曲线 CSF 的测定，是对已有生物学测试结果的支持，在隧道过渡段照明的条件下，影响瞳孔尺寸的因素是综合的，不应认为只受某种光感应器的支配和控制，应当以视觉功效法为基础，研究适应状态下瞳孔尺寸的变化情况。

（1）除了考虑色温、亮度等因素对各被试者适应水平的影响，还须了解瞳孔变化对视觉功效及舒适度的作用，所以在进行隧道过渡段适应亮度实验的同时，测试获取了不同光源照明条件下被试者在不同适应状态下做视觉响应时的瞳孔变化数据。

（2）描绘了各被试者的瞳孔随光源色温的变化趋势，在亮度水平、视角等影响因素一致的情况下，用瞳孔大小表征视觉功效水平，与 CSF 函数相比存在一定差异，主要是因为加入了视觉适应条件而产生了变化。

（3）适应状态下瞳孔尺寸变化与视觉功效水平有良好的相关性，因影响反应时间的因素较多，在现有实验样本的条件下，并没有体现出某种规律性。

（4）通过实验结果分析获得了被试者瞳孔尺寸与适应亮度水平的拟合函数关系，为在不同视觉适应状态下研究瞳孔的变化规律提供了参考，也可作为过渡段亮度计算和光源色温选择的依据。

第六章

隧道照明设计计算方法

隧道照明入口段的作用是使驾驶员视觉从洞外高亮度环境快速适应洞内亮度相对较低的环境，当车辆进入隧道后则处于完全封闭的环境当中，过渡段则成为衔接入口段亮度 L_{th} 与中间段亮度 L_{in} 的关键部分，直接影响各照明分段的长度划分及亮度水平的确定，过渡段设计的任务就是通过合理人工照明设置，减轻隧道内部人眼适应引起的视觉功效水平降低，因此，需要通过实验测试研究确定过渡段亮度、色温参数与适应状态的关系，所确定的计算函数模型及设计方法也是应用于隧道照明项目实践的重要内容。

第一节　CIE 适应亮度曲线在过渡段照明计算中的应用

视网膜上的锥状与杆状细胞对光线有不同的响应度，表现为不同视觉的光谱光视效率，这样的视觉机制是在人眼完全适应环境时细胞中感光色素的"响应"状态，而因环境亮度水平发生变化而导致的视细胞中感光物质的合成过程，可以看成对视觉环境的适应状态，感光物质的合成因环境条件及个体的不同而有所差别。

传统人眼暗适应的测试多采用古德曼 – 韦勒（Goldmam–Weele）半球形暗适应计等专业设备或自制暗适应装置，测定方法为先在标准照明及一定时间下作光适应，再在绝对暗室中注视照明强度可变的目标，作为刺激视网膜的标准，每经过一定时间测定其恰好能看到该目标时的照明强度，将暗适应时间作横坐标，照明强度的对数值作纵坐标，即可得出标准暗适应曲线（图 2–3），包含了锥状和杆状细胞对不同亮度变化的适应，是以医学研究为目的，基于视觉识别阈值的实验结果。

从 1990 年 88 号技术报告开始，针对隧道照明亮度标准及长度设计，CIE 引入了适应亮度的变化曲线作为参考（图 1–2），实际也是以人眼暗适应曲线为基础，从入口段到中间段的过渡，是洞内视觉适应变化的关键，在 CIE 标准亮度变化曲线中，规定入口段长度 D_{th} 至少应等于停车视距 D_s，在亮度适应曲线中，入口段亮度 L_{th} 在 $D_{th}/2$ 的时候开始线性减小直到入口段末尾（过渡段开始），亮度降到 $0.4L_{th}$，也就是说亮度的适应变化从入口段就开始了。曲线的纵坐标适应亮度的百分比变化不是均等的，这是因为亮度变化曲线符合"韦伯－费西纳定律"所描述的主观感知与物理刺激常用对数的正比关系，而标准暗适应曲线纵坐标为均化的亮度常用对数值。

过渡段亮度按标准适应曲线逐渐降低是满足隧道行车驾驶员视觉需求的最佳状态，但在隧道照明工程建设实践中，受限于灯具光源及控制方式等客观条件，大部分隧道内部环境亮度可能无法按照式（1–13）中变化实现，CIE 关于隧道照明的技术报告中提出了亮度分段的方法，采用阶梯式的亮度变化在实际应用当中更容易实现。我国隧道照明设计规范当中，过渡段各段亮度的变化依然为 3∶1 的关系，但划分方式和 CIE 推荐有所区别，主要在各亮度段的起始及长度方面的差异。

CIE 曲线中，过渡段定义开始于 $0.4L_{th}$，亮度变化发生在过渡段之前 0.5 倍停车视距处，亮度阶梯变化是从进入过渡段 5s 适应时间后开始的，而在《公路隧道照明设计细则》中，亮度阶梯变化则从入口段 $2/3D_{th}$ 处开始，从 L_{tr1} 到 L_{tr3}，每一阶段的适应时间也有所减小，也就是整体适应速度更快，与 CIE 曲线推荐亮度梯度的差异应是由我国隧道建设现状及国人驾驶视觉特征所决定的。

以经典暗适应研究为依据的 CIE 标准亮度曲线，是现有隧道内部照明视觉适应计算的基础，在隧道总长、行车车速等客观条件确定的前提下，决定了过渡段长度及相应的环境亮度水平，但该计算方法并没有考虑隧道照明工程中的实际情况，包括光源类别、色温及人眼瞳孔变化等因素的差异对适应水平的影响，若仅采用统一的适应曲线进行计算会产生较大误差，所以，应基于视觉功效法对过渡段适应模式的研究结果，确定一种科学的、符合实际的过渡段设计计算方法。

第二节　隧道过渡段适应亮度计算模型

一、数据拟合

在适应亮度的实验研究当中，设计了一种符合隧道照明适应特征的视觉功效水平测试方法，测得隧道照明常用光源在适应条件下的反应时间数据，并以最佳视觉功效状态来描述适应水平的变化，可以得到各光源在不同适应亮度条件对应的适应时间数据，通过专业的图形可视化和数据分析软件 Origin，可以对人眼平均适应时间与适应亮度数据进行拟合分析，得到二者的函数关系表达式如下：

$$L_a = \frac{A_1 - A_2}{1 + \left(\dfrac{T_a}{X_0}\right)^p} + A_2 \qquad (6-1)$$

式中：L_a——适应亮度；

T_a——适应时间；

X_0、A_1、A_2、P——系数，与不同的光源种类相关。

对于高压钠灯 HPS，色温为 2000K，拟合系数值如表 6-1 所示。

表 6-1　高压钠灯 HPS2000K 适应亮度与适应时间关系拟合系数

A_1		A_2		X_0		p		统计（Statistics）	
值（Value）	误差（Error）	值（Value）	误差（Error）	值（Value）	误差（Error）	值（Value）	误差（Error）	简化卡方检定（Reduced Chi-Sqr）	调整自由度后决定系数/判定系数
300.07678	6.2616	5.98854	3.20639	1.57458	0.09299	3.24755	0.58233	39.20932	0.99626

拟合出的 2000K 高压钠灯照明条件下，各适应亮度水平对应的适应时间曲线如图 6-1 所示。

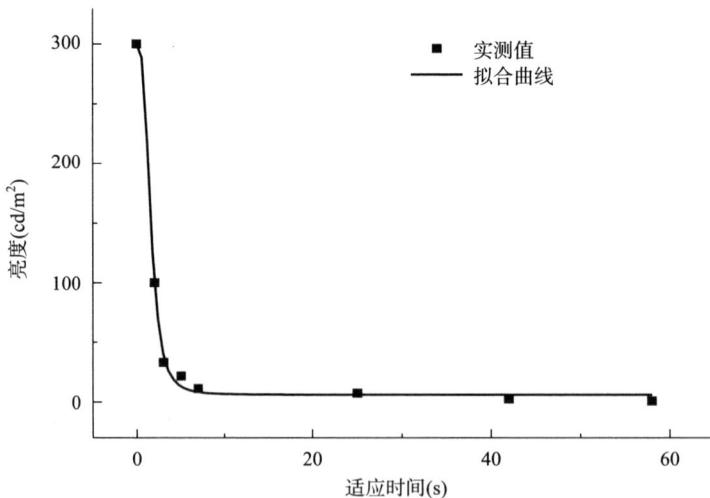

图 6-1　HPS2000K 照明条件下的适应亮度与适应时间的拟合曲线

对于金卤灯 MH3000K，拟合系数值如表 6-2 所示。

表 6-2　金卤灯 MH3000K 适应亮度与适应时间关系拟合系数

A_1		A_2		X_0		p		统计（Statistics）	
值 （Value）	误差 （Error）	值 （Value）	误差 （Error）	值 （Value）	误差 （Error）	值 （Value）	误差 （Error）	简化卡方检定 （Reduced Chi-Sqr）	调整自由度后 决定系数 / 判定系数
599.99904	6.13603	2.76047	4.28123	0.58011	0.03477	1.29796	0.10205	37.65203	0.9991

拟合出的 3000K 金卤灯照明条件下，各适应亮度水平对应的适应时间曲线如图 6-2 所示。

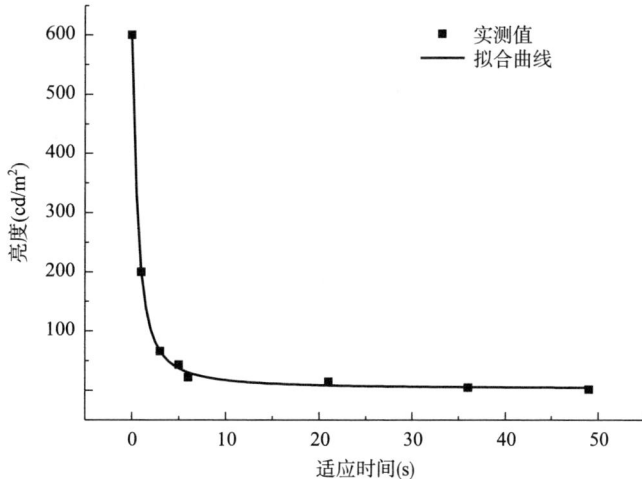

图 6-2　MH3000K 照明条件下的适应亮度与适应时间的拟合曲线

对于金卤灯 MH4000K，拟合系数值如表 6-3 所示。

表 6-3　金卤灯 MH4000K 适应亮度与适应时间关系拟合系数

A_1		A_2		X_0		p		统计（Statistics）	
值 （Value）	误差 （Error）	值 （Value）	误差 （Error）	值 （Value）	误差 （Error）	值 （Value）	误差 （Error）	简化卡方检定 （Reduced Chi-Sqr）	调整自由度后 决定系数 / 判定系数
600.09835	9.38844	8.23162	5.34143	2.24736	0.11272	2.59411	0.31859	88.14789	0.9979

拟合出的 4000K 金卤灯照明条件下，各适应亮度水平对应的适应时间曲线如图 6-3 所示。

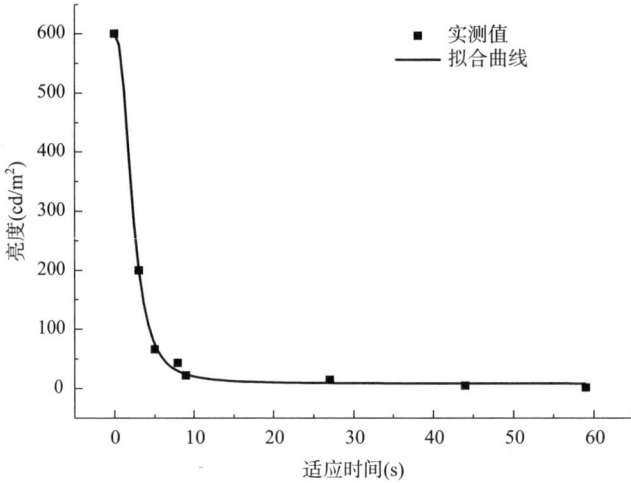

图 6-3　MH4000K 照明条件下的适应亮度与适应时间的拟合曲线

从以上几组拟合数据来看，高压钠灯、金卤灯拟合的确定系数 R^2 都在 0.99 以上，非常接近 1，表明拟合的效果非常好，系数可靠性较高，与前面获得的不同适应亮度水平下的适应时间数据类似，可以看出气体放电光源拟合结果都具有一定程度的相似，进一步说明了光谱功率分布不同对视觉适应趋势和变化情况的影响。

对于 LED2500K，拟合系数值如表 6-4 所示。

表 6-4　LED 2500K 适应亮度与适应时间关系拟合系数

A_1		A_2		X_0		p		统计（Statistics）	
值 （Value）	误差 （Error）	值 （Value）	误差 （Error）	值 （Value）	误差 （Error）	值 （Value）	误差 （Error）	简化卡方检定 （Reduced Chi-Sqr）	调整自由度后决定系数 / 判定系数
600.09835	9.38844	8.23162	5.34143	2.24736	0.11272	2.59411	0.31859	88.14789	0.9979

拟合出的 2500K LED 灯照明条件下，各适应亮度水平对应的适应时间曲线如图 6-4 所示。

对于 LED 3500K，拟合系数值如表 6-5 所示。

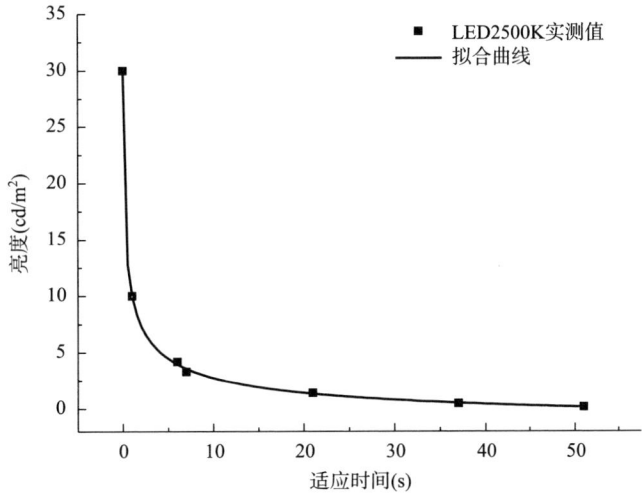

图 6-4　LED2500K 照明条件下的适应亮度与适应时间的拟合曲线

表 6-5　LED3500K 适应亮度与适应时间关系拟合系数

A_1		A_2		X_0		p		统计（Statistics）	
值 （Value）	误差 （Error）	值 （Value）	误差 （Error）	值 （Value）	误差 （Error）	值 （Value）	误差 （Error）	简化卡方检定 （Reduced Chi-Sqr）	调整自由度后 决定系数 / 判定系数
36.00837	0.95829	0.86192	0.55033	3.37722	0.17565	4.70436	0.9739	0.91837	0.99439

　　拟合出的 3500K LED 灯照明条件下，各适应亮度水平对应的适应时间
曲线如图 6-5 所示。

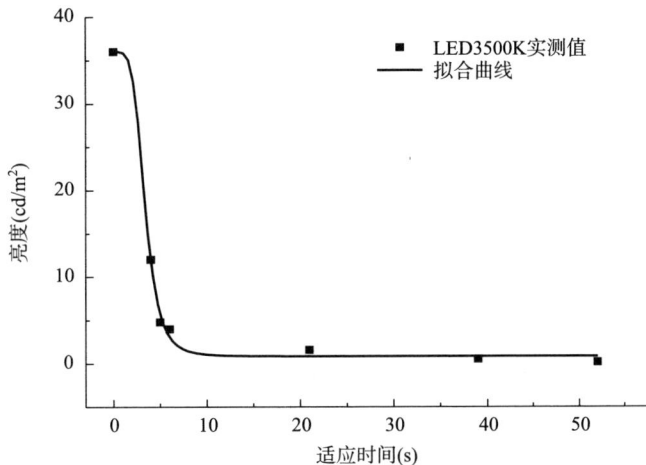

图 6-5　LED3500K 照明条件下的适应亮度与适应时间的拟合曲线

对于 LED 5000K，拟合系数值如表 6-6 所示。

表 6-6　LED 5000K 适应亮度与适应时间关系拟合系数

A_1		A_2		X_0		p		统计（Statistics）	
值（Value）	误差（Error）	值（Value）	误差（Error）	值（Value）	误差（Error）	值（Value）	误差（Error）	简化卡方检定（Reduced Chi-Sqr）	调整自由度后决定系数/判定系数
48.00805	0.96402	0.95925	0.60005	0.60508	0.07024	1.54011	0.24172	0.92937	0.9968

拟合出的 3500K LED 灯照明条件下，各适应亮度水平对应的适应时间曲线如图 6-6 所示。

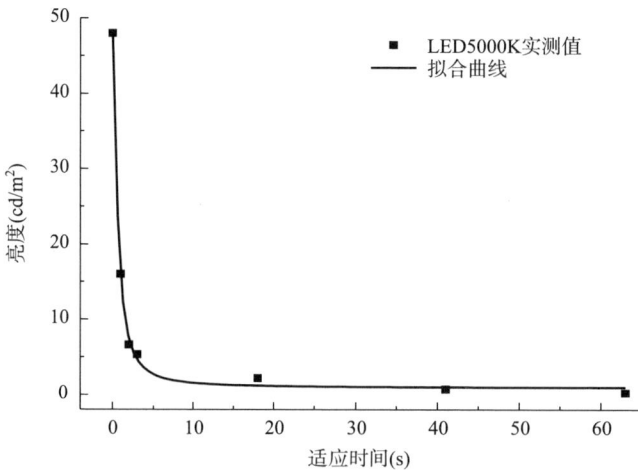

图 6-6　LED5000K 照明条件下的适应亮度与适应时间的拟合曲线

从 LED 光源的拟合数据来看，系数取值范围与高压钠灯、金卤灯等气体放电光源有所差异，但拟合曲线有相近的变化趋势，通过分析气体放电光源及 LED 灯不同色温之间的系数变化可知：

（1）气体放电光源的系数 A_1 值范围大于 LED 光源，主要是受到光谱功率分布差异的影响，同时与实验光源亮度取值范围及实验装置限制条件有关。

（2）由拟合各系数的变化可知，除光源种类不同带来的光谱组成因素的影响外，对于同类型光源来说，适应亮度与适应时间的关系受光源色温的影响，并呈现一定的规律。

（3）同类型光源的系数 A_1、A_2 均随色温的增大而增大，系数 A_1 值远大于 A_2，且 A_1、A_2 均是影响光源适应亮度与适应时间变化的主要因素，在相同的适应亮度变化条件下，色温越低，适应时间相对越短，验证了光源色温对视觉适应影响研究的结论。

二、计算模型验证

适应亮度与适应时间函数计算模型的建立来自对实验室模拟测试数据的拟合分析，因光源发光方式以及灯体形制尺寸的差异，实验过程中对各种光源的功率范围、光通量、色温等参数的选择都有所限制，加上装置设备、测试条件等原因，使关系模型的确定更符合于实际光源的响应数据范围，而从各光源的拟合曲线也可以看出，在利用模型进行实际计算应用时，不同光源类别对应不同的参数取值范围。

在利用视觉显示终端进行的计算机模拟实验中，通过编程控制的方法，可以方便地模拟色温、亮度等照明环境条件参数的输出，实验测试结果同样是基于人眼视觉适应机制获得，因此，可以利用计算机模拟结果对实验室测试获得的适应亮度计算模型进行验证。

计算机模拟实验在原有实验室被试者基础上增加了 3 名，共计 8 名，把不同的色温（模拟不同光源）条件下，不同适应亮度变化的平均反应时间代入式（6-1）进行拟合验算，不同色温条件下数据的拟合曲线如图 6-7 所示。

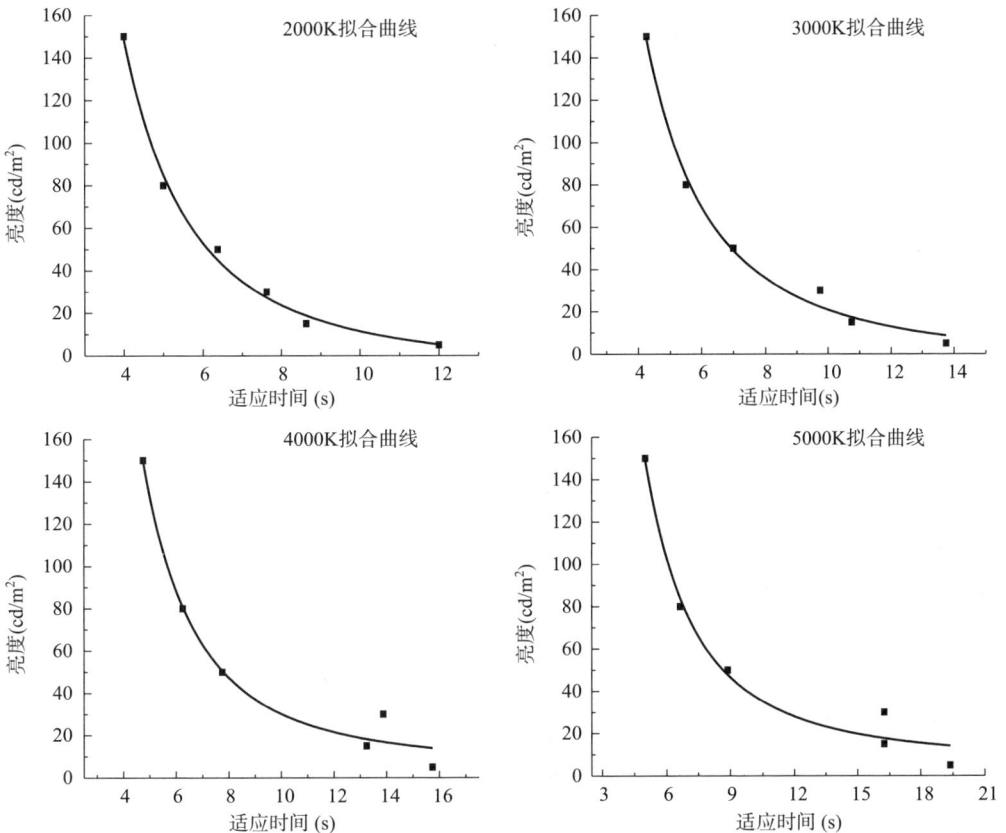

图 6-7

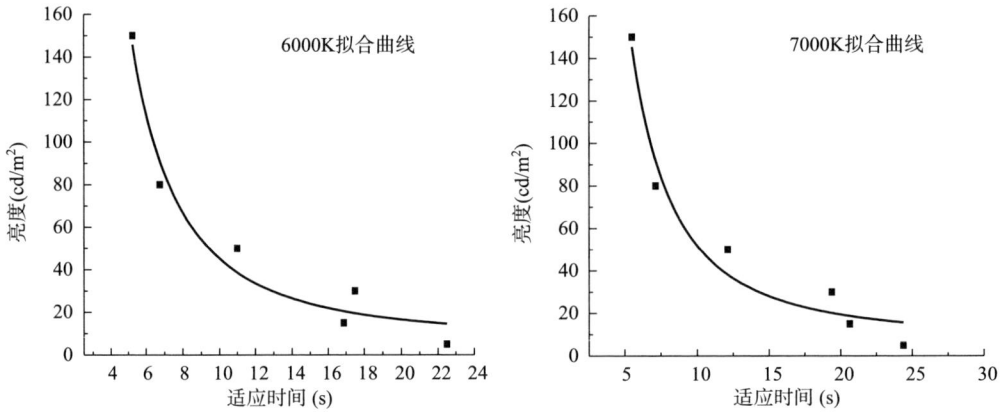

图 6-7　不同色温条件下利用计算机模拟测试数据代入模型的拟合曲线

从计算机模实验的测试数据代入模型后的拟合曲线可以看出，亮度水平与适应时间的关系各色温条件下比较相近，与实验室测试数据曲线有一定区别，拟合系数及相关数据结果见表 6-7。

表 6-7　不同色温条件下计算机模拟测试数据模型拟合验算结果

系数 色温	A_1	A_2	X_0	P	调整自由度后决定系数 / 决定系数
2000K	32750.43	−6.09	0.42	2.38	0.99
3000K	29273.13	−3.84	0.36	2.13	0.98
4000K	24827.12	5.67	0.55	2.39	0.95
5000K	33128.90	6.59	0.40	2.17	0.95
6000K	79736.98	6.99	0.22	2.00	0.91
7000K	85265.37	7.65	0.19	1.91	0.91

表 6-7 中的拟合数据表明，通过视觉显示终端计算机模拟实验获得的适应条件下视觉响应的结果，仍然符合适应亮度的实验室测试结果的关系模型描述，判定系数 R^2 值均大于 0.9，适应亮度与适应时间的拟合关系较好。拟合结果一定程度上表明了计算机模拟实验数据的可靠性。

（1）实验室测试受到仪器设备的客观条件限制，不同光源发光方式（气体放电光源体发光 /LED 面发光）、光谱组成及适应亮度的取值范围均有不同，所以不同种类光源之间实验室数据拟合曲线型存在一定差异。

（2）计算机模拟实验选用工程级投影设备，在视觉显示终端实现色温、亮度指标在较大范围内的调整，由投影仪原理可知，所实现的光度、色度参数均由同一背光源提供（金卤灯或超高压汞灯 UHP），通过模拟编程方便的实现输出控制，因此在不同的色温指标条件下，数据拟合曲线较为接近。

（3）无论是计算机模拟还是实验仪器测试结果，均可以用关系模型式（6-1）进行较好的描述，模型系数主要与所选用光源的不同光谱功率分布相关，验证了"适应亮度—适应时间"计算函数模型的科学性。

第三节　隧道照明过渡段计算及设计方法

一、设计要素及依据

通过对全国大量高速公路隧道的实地调研，可知影响隧道照明视觉环境条件的因素是复杂多样的，车辆在进入隧道内部后，人工照明环境对驾驶员视觉适应的变化影响，主要是隧道过渡段设计所要解决的问题，CIE 基于施罗伊德、中道和成贞等人的研究成果发表的隧道照明技术报告及出版物，主要是聚焦于解决进入隧道的视觉问题（入口段亮度 L_{th}），即驾驶员从接近隧道到刚进入隧道，因环境亮度的剧烈变化引起的视觉功效水平的改变，不论采用静态或动态的实验方法，测试条件基本都未考虑对视觉适应状态的模拟，如在施罗伊德的实验研究中，被试者眼睛对标准背景亮度 L_1 是完全适应的状态，而背景 L_2 出现的时间 0.1s 也为固定值。由 CIE 对于隧道内部过渡段的划分定义可知，通过入口段的人工照明设计解决进入隧道的"黑洞效应"后，需要对隧道内部行车的视觉作业特征进行研究，主要解决未完全适应状态下的视觉功效提升及亮度水平变化所带来的视觉舒适度问题。

目前隧道照明设计及工程建设实践中，隧道过渡段设计指标的确定依据 CIE 技术报告的建议进行，是基于标准暗适应实验的理论研究，本书考虑实际隧道照明环境条件，针对过渡段照明采用两种实验测试相互验证的技术方法，研究过渡段人眼视觉适应过程中，适应亮度水平与各影响因素的关系，以及对驾驶员视觉功效的影响（图 6-8）。

隧道交通关注的是通过合理科学的照明设计计算方法，减少事故及提升交通运输效率，过渡段设置的主要目的是解决隧道内部入口段到中间段

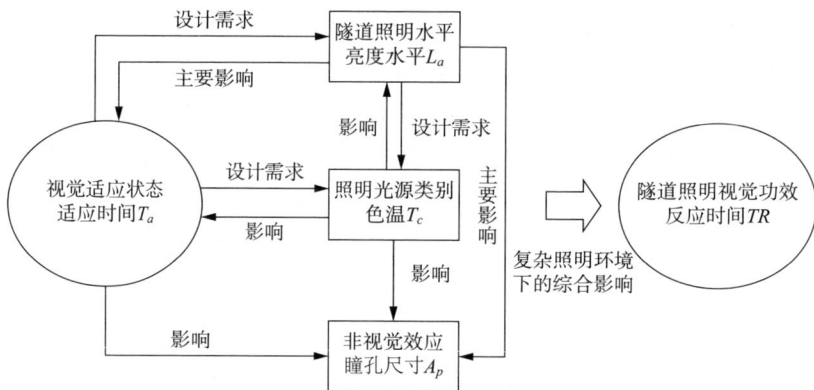

图 6-8 隧道内部视觉适应条件下视觉功效影响的主要因素及其相互关系

（一般照明段）的视觉适应问题，提升视觉功效水平，因此，对于隧道过渡段的照明的评价，都应以对反应时间 T_R 的影响作为衡量标准。

二、现有设计方法及参数标准

我国隧道照明工程设计主要是依据《公路隧道照明设计细则》进行，对于隧道各照明段的划分是以 CIE 已有的隧道研究为基础的，洞外亮度值除采用 CIE 建议的方法实地测试外，国家标准中也推荐了无实地测试资料时相应的 L_{20} 参考值，隧道内部各段的划分及照明指标可以此值为基准进行计算。

入口段照明的亮度计算目前已有丰富的研究成果，CIE 推荐采用等效光幕亮度的方法计算入口段亮度，重庆大学相关学者采用幂级数计算法，建议了新颖的等效光幕亮度计算模型[1]。值得注意的是，对于中间段亮度，国家标准中主要借鉴欧盟与日本相关标准中的推荐值，直接按不同设计行车速度和车流量进行选取，导致不同长度隧道的中间段亮度取值相同，隧道中间段即一般照明段，理论上应是在人眼经过过渡段的视觉适应后，按照道路行车的一般标准要求设计的照明段，因隧道长度的不同会导致驾驶员的视觉适应状态的差异，导致计算出的照明指标与实际需求不符。

过渡段照明衔接入口段与中间段，当入口段亮度 L_{th} 确定后，其照明水平则可根据式（1-12）计算，同时考虑照明设备及实际施工的情况，一般过

---

[1] 殷颖. 隧道入口段亮度计算方法研究 [D]. 重庆:重庆大学,2008.

渡段推荐按 3∶1 阶梯式分段法确定亮度水平，CIE 88∶2004 中提出，当亮度达到中间段三倍的时候，即是隧道过渡段的末尾。

隧道照明工程设计中，在总长度（洞长）、入口段长度 D_{th} 确定的情况下，若首先按标准推荐值确定中间段亮度 L_{in}，则可能导致过渡段亮度的变化适应时间过短或过长；若按过渡段推荐计算公式（1–12）及亮度分段标准进行计算，则又可能影响中间段及出口段的照明水平及设计长度。

三、基于人眼视觉适应研究的过渡段设计计算方法

从车辆进入隧道开始，过渡段照明承担了提升视觉适应水平的重要任务，确定符合视觉适应特性的准确计算方法，是隧道照明工程实践的实际需要，以过渡段照明计算模型结合本书的实验研究成果为基础，可以推导隧道内部人工照明各分段的系统计算方法。

（一）洞外亮度的测定及入口段照明

隧道所处地理位置、地貌特征、植被、洞外铺设材料等因素都可以影响洞外亮度水平，规范推荐采用黑度法获取 $L_{20}(S)$ 测值，若无实测资料可用，则采用规范中的推荐值，这些方法在很多情况下会造成取值与实际结果不相符，采用等效幕亮度来衡量驾驶员刚进入隧道时的视觉适应等问题，利用式（1–10）能够较为准确的计算入口段亮度值 L_{th}[1]。

如图 6–9 所示，车辆接近隧道过程中，当行至适应点 A 时，驾驶员视野中洞外景物基本消失，即开始视觉适应，过程中为了保证发现障碍物后的安全性，应保证有一个停车视距及背景衬托长度，而减去洞外长度部分 $d[d=(h-1.5)/\tan10°]$，则获得推荐的入口段 TH_1、TH_2 两个分段 D_{th1} 与 D_{th2} 分别为：

$$D_{th1} = D_{th2} = \frac{1}{2}\left(1.154D_s - \frac{h-1.5}{\tan10°}\right) \qquad （6–2）$$

式中：D_{th1}——入口段 TH_1 长度（m）；

$\qquad D_{th2}$——入口段 TH_2 长度（m）；

$\qquad D_s$——照明停车视距离，与行车速度相关；

$\qquad h$——隧道净空高度。

（二）出口段照明

出口段照明的主要作用是衔接隧道照明中间与洞外环境，减轻洞口因

---

[1] 殷颖. 隧道入口段亮度计算方法研究 [D]. 重庆：重庆大学,2008.

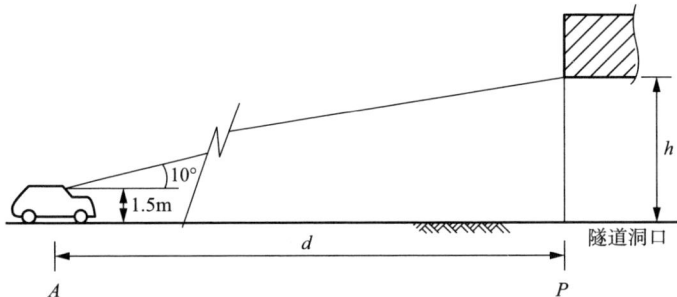

图 6-9 隧道外视觉适应距离图示 ❶

明适应引起的对视觉功效的影响，明适应在几秒的时间内即可完成，国家标准中推荐出口段长度为 60m，若按常用隧道设计车速 80km/h 计算，则适应时间约 3s，推荐照明水平则根据中间段亮度取 5 倍。❶

（三）过渡段及中间段照明

隧道照明建设的目标是以最少的资源消耗获得最佳的视觉功效水平，因此，在进行设计之前，有必要详细了解工程中存在的客观条件现状，包括隧道总长、选择照明光源种类、用电负荷、设计车速等。

1. 总长及行车时间

当隧道总长及入口段长度 D_{th} 确定的情况下，工作重点应是过渡段及中间段照明设计，这种情况主要针对中、长隧道，也是本书的主要研究对象（非短隧道的黑框效应），过渡段与中间段的总长可以通过以下方法计算出来：

$$D_{tr} + D_{in} = D_T - \left(D_{th} + D_{ex} \right) \qquad (6-3)$$

式中：D_T——隧道总长；

D_{ex}——隧道出口段长度。

过渡段与中间段的行驶总时间、则可以根据隧道设计车速计算得出：

$$T = \left[D_T - \left(D_{th} + D_{ex} \right) \right] / V \qquad (6-4)$$

式中：T——过渡段与中间段行驶时间；

V——隧道设计车速。

2. 过渡段及中间段长度划分及照明水平计算

隧道照明的主要目的是提高驾驶员视觉功效，减少交通事故的发生，

---

❶ 中华人民共和国行业推荐性标准. 公路隧道照明设计细则(JTG/T D70/2-01-2014) [S]. 中华人民共和国交通部.

反应时间则是主要的衡量指标，照明设计时要求尽可能获得较短的反应时间水平，由前面的研究可知，除亮度水平外，光源类别、色温等因素都会影响视觉适应状态，而通过表 3-8 的分析可知视觉适应水平与反应时间呈现良好的相关性，所以在隧道照明设计过程中，也力求通过人工辅助照明的方式，使驾驶员视觉达到最佳的适应状态。

适应时间与亮度计算模型式（6-1）提供了主要隧道照明光源的计算参数，当确定了主要照明光源后，则可计算出从所设过渡段与中间段的行驶时间以及相应的适应亮度值：

$$L_t = \frac{(a-b)c}{dT_x+c}+b \qquad (6-5)$$

式中：L_t——对应适应时间 t 的亮度水平；

$\quad\quad T_x$——过渡段、中间段某点行驶时间；

$\quad\quad a$、b、c、d——参数，与光源种类即光谱功率分布有关。

L_x 可以表示在行驶总时间内适应水平的提升，也就是任意一点适应亮度的降低情况，当 T_x 取值为 t 时，则对应 L_t 表示行驶到该适应段末尾的适应亮度值。

（1）当 L_t 小于中间段亮度标准值时，则表明隧道长度可以满足充分的适应（过渡）时间，此时可以代入推荐中间段亮度值 L_{in} 到计算模型，计算出相应的适应时间（行驶时间）：

$$T_{in} = \frac{\frac{(a-b)c}{L_{in}-b}-c}{d} \qquad (6-6)$$

式中：L_{in}——中间段照度推荐值；

$\quad\quad T_{in}$——行驶过渡段结束时间（中间段开始时间），$T_{in}<T$；

$\quad\quad a$、b、c、d——参数，与光源种类即光谱功率分布有关。

过渡段及中间段总长度则可以方便的计算出来：

$$D_{tr} = v \times T_{in} \qquad (6-7)$$

$$D_{in} = v \times (T-T_{in}) \qquad (6-8)$$

分段长度确认后，则可利用计算模型式（6-1）算出过渡段各时间点对应的亮度水平。

理论上，隧道照明过渡段采用连续调光的方式能够获得最佳视觉适应效果，目前，已经有 LED 照明光源结合数字调光设备可以达到相应要求 ❶，

---

❶ 潘海龙,周雒维,罗全明,等. LED 隧道照明智能控制系统 [J]. 测控技术,2011(8):49-52.

可以利用输入计算模型编程的智能化控制系统，通过探测分段亮度水平是否满足适应函数（最小单位按单灯距离计算），对灯具光输出进行调节，最大程度节约电能的同时较好满足了提升视觉适应水平的需要。若考虑成本控制、施工难度等客观条件限制，则仍可采用分段法近似达到适应要求。

（2）若 L_t 大于或等于中间段推荐亮度，则表明隧道无法提供足够长的视觉过渡段以获得充分的适应时间，一般为中等或短隧道，此时以 L_t 作为中间段亮度，入口段亮度 L_{th} 到 L_t 的过渡亮度，则可根据计算模型按连续调光或亮度阶梯分级的方式进行计算。

3. 光源类别及色温影响的修正

对于同类别光源来说相关色温 T_c 也会存在差异，如新一代光源 LED 因芯片 Bin 区选择或封装荧光粉配比的不同，光色的变化更加丰富，本书在光源色温对隧道过渡段视觉适应的实验研究中，获得了不同亮度水平条件下色温与适应时间的关系函数式（4-9），根据不同的照明水平变化范围，可以计算出不同色温对应的总体适应时间。

举例说明，若某隧道确定入口段亮度 L_{th} 确定为 150cd/m²，若中间段亮度为 15cd/m²，光源相关色温选择为 3000K，则根据不同亮度变化条件下的色温与适应时间关系模型式（4-11）~ 式（4-14），计算出 150~15cd/m² 的适应时间约为 27s，色温是主要视觉影响因素，而光谱功率分布的差异（不同种类光源）也会导致适应状态的差异，所以利用色温与适应时间的关系模型，可以针对实际工程中可能出现的同种光源不同色温的视觉适应计算进行修正。

4. 考察瞳孔尺寸变化的影响

通过对适应状态下非视觉效应的研究，获知决定瞳孔大小的主导因素为环境亮度水平，而 Cirtopic 视觉效应对瞳孔尺寸及反应时间视觉功效也有影响，瞳孔增大会产生影响聚焦和眩光等问题，从而影响驾驶员视看前方道路上障碍物的清晰度，对安全、快速、舒适的交通运行产生不利影响，隧道照明工程计算中，有必要考察隧道照明中瞳孔变化与非视觉效应的关系。

根据计算模型，确定不同的适应亮度所对应的适应时间，再利用经均一化处理的、不同适应时间条件下亮度与瞳孔大小的关系式（5-6），获取从入口段到过渡段的照明水平变化过程中，各亮度水平所对应的瞳孔变化状态；在进入隧道照明适应状态后，瞳孔大小的变化根据色温的不同而有所差别（图5-4），考虑非视觉效应对隧道照明的视觉功效有一定影响，通过计算和获取瞳孔尺寸，则可作为光源选择的依据，尤其对需要采用分段亮度设置的隧道照明区域，在过渡段到中间段的亮度阶梯式跨度确定的情况下，各段亮度设置对瞳孔尺寸大小的影响可以作为分段的参考和依据。

第四节　本章小结

（1）利用实验测试结果，获得了符合隧道过渡段视觉适应特性的"适应亮度—适应时间"的函数模型关系。

（2）利用视觉显示终端的计算机模拟实验结果对实验室"适应亮度—适应时间"函数模型进行了验证，说明了拟合函数的可靠性和正确性。

（3）比较了"适应亮度—适应时间"关系函数与 CIE 经典暗适应曲线的计算方法，修正了不同光源的适应亮度计算方法。

（4）对现有隧道过渡段设计方法进行了综合分析，考虑亮度变化、光源类别及色温等因素对视觉适应过程的影响，利用实验研究成果及函数模型，建立了一套完整的隧道内部照明适应（过渡段）计算方法。

第七章
结论与展望

第一节 结论

《2013—2017 年中国隧道建设行业深度调研与投资战略规划分析报告》数据显示，目前中国已经成为世界最大的隧道工程市场国家，确定科学合理的隧道内部人工照明设计方法及参数指标是目前我国隧道照明工程建设中亟待解决的问题。

白昼隧道行车时，需要用人工照明的方式减轻因环境改变引起的视觉功效水平的下降，隧道照明入口段的设置是为了降低从户外环境到隧道内部的激烈亮度变化，避免因可见度下降而引发交通事故的发生。考虑不同隧道长度及照明电能消耗的问题，在进入隧道后不可能再以恒定的照明把隧道内部作为户外高亮度照明水平环境的维持段。过渡段的作用就是根据隧道照明环境条件下人眼的适应特征，选择合理的光度、色度指标，通过科学的设计计算方法，在最小能耗的前提下使驾驶员获得最优的视觉功效水平和最舒适的视看感受，这也是隧道照明人眼适应问题研究的重要内容和现实意义。

本书的研究从实验室测试方法入手，首次考虑在测试中加入对"视觉适应"这一重要因素的模拟，以成熟的道路照明视觉功效实验与经典暗适应测试方法为基础进行设备的改造和试验方法设计。因视觉适应实验需要不同的照明水平转换以及适应时间的变化，对实验仪器的制备精度提出了更高的要求。在获得每个测试数据前，被测者都要经历长短各异的适应时间，总体耗时较长，除了保证视觉变化的连续，实验设计过程中还考虑了避免产生暗示的各种细节条件，设备还应当具备一定的可重复性以提高测试效率，通过不断地整改优化，保证实验室测试数据的可靠性。

考虑到隧道照明环境的特点，本书还将复杂环境中可能存在的视觉适应问题的影响要素纳入研究的范畴，如光源色温以及非视觉效应影响的瞳孔尺寸大小等，通过对实验室测试数据的处理分析，获得适合于隧道内部视觉特征的适应亮度水平计算模型。为了保证测试模型及数据的精确性，研究同时以显示设备为视觉终端，充分利用计算机编程模拟的优势，针对不同色温条件下的视觉适应变化进行了相关实验研究，再利用实验结果对实验室模拟数据进行检验。

本书的研究过程和方法采用了先进的技术手段和新的理论模型，主要获得如下结论。

一、通过加入视觉适应条件，提出了符合隧道照明特点的亮度计算方法

（1）获得各种光源在不同适应条件下的反应时间水平的实验数据，与现有道路照明光源效率的研究存在一定差异，这是因为加入隧道照明的视觉适应条件而产生的变化，符合隧道内行车驾驶员的实际视觉状态，是对原有研究结果的补充。

（2）以反应时间视觉功效测试结果作为依据，确定各光源在不同亮度水平对应的适应时间，通过数据分析拟合建立了基于"适应亮度—适应时间"计算函数关系模型。

二、通过视觉显示终端的计算机模拟实验方法，获得光源色温在隧道照明环境的视觉适应过程中对视觉功效和适应水平的影响和相互关系

（1）获得了不同亮度变化条件下，反应时间随适应时间变化的关系，分析了光源色温对反应时间整体水平的影响。

（2）建立了隧道照明视觉适应条件下的"适应亮度—反应时间"之间的计算函数模型，与已有道路照明光源效率研究结果相近，表明了亮度仍是决定视觉功效水平的主要因素，适应状态下，亮度水平对反应时间的影响规律有所改变。

（3）利用实验数据分析证明了光源色温与适应时间的相关性，同时建立了不同亮度条件下，光源色温与适应时间之间的计算模型。在人眼视觉完全适应的状态下，是经典的感光细胞二重性机制起作用，而在视觉适应过程中，长波波长更有利于视觉适应的速度和水平的提升。

三、在隧道照明视觉适应状态下，测量了 Cirtopic 视觉影响的瞳孔尺寸，并通过大量数据的整理分析，描述了瞳孔变化对视觉功效的影响

（1）拟绘了基于视觉适应实验的瞳孔响应曲线，是对已有 Cirtopic 视觉 CSF 曲线应用于隧道过渡段照明的改进和补充。

（2）瞳孔尺寸大小影响视觉功效水平，在人眼视觉适应过程中，影响

隧道照明反应时间水平的主要因素仍是亮度水平。

（3）通过均一化的数据处理方法，建立了"适应亮度—瞳孔尺寸"的计算模型，因瞳孔大小变化可以作为视觉功效（反应时间）的衡量标准，所以该计算模型与"适应亮度—反应时间"的拟合关系式相近。

四、以隧道内部照明段（过渡段）的复杂视觉环境为条件，建立了相应的设计计算方法

（1）基于研究结果，总结确定了影响隧道内部照明视觉功效的重要因素。

（2）通过分析目前国内外隧道照明规范推荐的设计方法及标准值，以实验结合理论研究，与目前已有洞外亮度及入口段亮度计算的研究成果结合，提出基于视觉适应状态的隧道过渡段照明计算方法。

（3）中间段照明在设计规范中有参照国外相关标准的推荐值，在实际工程中基本是作为不受内部环境亮度变化影响的因素首先被确定的，在设计方法中提出了针对过渡段与中间段的划分方法和亮度设计指标的选择问题，原则上根据视觉适应的研究结果和计算模型，可以首先确定过渡段的长度及亮度，而不是首先确定中间段的照明水平，若因隧道自身客观条件（地理位置、长度等）限制无法满足过渡段的设置，则可采用入口段到中间段末端（出口段起点）适应点连续调光或亮度分级调整的方式。

第二节　展望

本书以隧道照明视觉适应模式为研究条件，多种研究方法相结合进行了深入、系统的工作，对隧道照明人眼视觉适应问题的研究，基本可以解决在隧道照明工程中仅以 CIE 标准暗适应曲线为设计依据所带来的偏差，也能够较好解决隧道内部人工照明条件下，由视觉适应引起的视觉功效水平下降等问题，研究成果具有良好的实践应用效应，因目前隧道工程建设技术的不断进步以及照明视觉环境条件的复杂性，本书还有一些问题有待进一步的研究。

（1）不同光源光谱分布种类繁多，基于实验测试结果，发现即便相关色温相同和接近，光源类别不同则适应状态有所区别，光源光谱功率分布

对隧道照明视觉适应的影响有待深入研究。

（2）因实验条件及工作量等客观原因，针对目前隧道照明中出现的光源混合搭配的隧道照明设计情况，实验室仅做了尝试性数据测量，并没有进行深入的分析和研究。

（3）由隧道照明适应过程中瞳孔尺寸的测试数据可知，被试者自身生理、心理的因素差异会对测试数据产生一定影响，包括性别、年龄、视力、文化背景、职业乃至兴趣爱好等，希望未来的研究当中能够对影响瞳孔变化的个体因素进行探讨。

（4）隧道照明内部照明计算方法较为烦琐，所涉及到的计算参数较多，本研究中已经利用计算机编程实现了参数的可视化表现，下一步工作可利用类似的实现方法，把隧道照明计算模型及综合的参数输入引入软件设计中，实现更加便利快捷的计算方式。

参考文献

[1] 宋白桦,李鸿,贺科学.公路隧道照明的研究现状和发展趋势 [J].湖南交通科技,
2005(1):96–98.

[2] 中华人民共和国国家标准.公路隧道设计规范 JTJ 026—90[S].中华人民共和国交
通部.

[3] 中华人民共和国行业推荐性标准.公路隧道照明设计细则 JTJ 026.1—1999[S].中
华人民共和国交通部.

[4] 葛坚.眼科学 [M].北京:人民卫生出版社,2010.

[5] 杨公侠,杨旭东.人类的第三种光感受器(上)[J].光源与照明,2006(2):30–31.

[6] 郭才陶.人眼视觉暗适应的主要机制 [J].四川师院学报(自然科学版),1984(2):
91–93.

[7] 陈强,张银科,王斌.紫红质色基—视黄醛骨架异构化机理探讨 [J].宝鸡文理学院
学报(自然科学版),2000(2):126–129.

[8] 徐之毅.正常眼暗适应曲线 [J].眼科研究,1984(3):152–153.

[9] 杨志钢.人眼与色彩 [J].印刷世界,2004(1):6–7.

[10] 寿天德.神经生物学 [M].北京:科学出版社,1982.

[11] 荆其诚,焦书兰,喻柏林,等.色度学 [M].北京:科学出版社,1979.

[12] 杜志刚,潘晓东,杨轸,等.高速公路隧道进出口视觉震荡与行车安全研究 [J].中
国公路学报,2007(5):101–105.

[13] 照明学会.照明手册 [M].李农,杨燕,译.北京:科学出版社,2005.

[14] 孟庆茂,常建华.实验心理学 [M].北京:北京师范大学出版社,1999.

[15] 陈仲林,孙春红.公路隧道照明设计研究 [J].灯与照明,2007(3):32–35,52.

[16] 邱凡,马小军,刘乃涛,等.隧道照明过渡段亮度动态需求探讨 [J].照明工程学报,
2010,21(6):13–18.

[17] 杨公侠.光谱对视觉效能的影响 [C]// 上海照明学会.照明科技论坛(上海)论文
集,上海:上海照明学会,2002:85–88.

[18] 杨春宇,胡英奎,陈仲林.用中间视觉理论研究道路照明节能 [J].照明工程学报,
2008(4):44–47.

[19] 中华人民共和国行业标准.城市道路照明设计标准 CJJ 45—2015[S].中华人民共
和国交通部.

[20] 翁季,胡英奎,应文.道路照明可见度计算模型研究 [J].中国科学:技术科学,
2010,40(9):1014–1019.

[21] 王育才,杨济芳,郑力新,等.YA–2 型暗适应计的设计及应用 [J].营养学报,1984

（1）：79–84.

［22］季卓莺,邵红,林燕丹.暗适应时间、背景亮度和眩光对人眼对比度阈值影响的探讨［J］.照明工程学报,2006（4）：1–4,15.

［23］中华人民共和国标准.人类功效学照明术语［S］.北京：中国标准出版社,1986.

［24］陈仲林,杨春宇,翁季,等.山区高速公路隧道节能型照明系统等效亮度研究与应用［R］.重庆：重庆大学建筑城规学院,2007.

［25］李百川,殷国祥,苏如玉.汽车驾驶员反应特性与交通事故关系的分析研究［J］.人类工效学,1995（2）：26–31.

［26］李百川.汽车驾驶员适宜性检测及评价［M］.北京：人民交通出版社,2003.

［27］王炜,过秀成.交通工程学［M］.南京：东南大学出版社,2011.

［28］代彩红,于家琳.光源相关色温计算方法的讨论［J］.计量学报,2000（3）：183–188.

［29］杜志刚,潘晓东,郭雪斌.高速公路隧道进出口视觉适应实验［J］.哈尔滨工业大学学报,2007（12）：1998–2001.

［30］朱帮助.统计学：原理、方法与 SPSS 应用［M］北京：科学出版社,2010.

［31］崔璐璐,陈仲林,殷颖.隧道照明安全与光源光色研究［J］.照明工程学报,2009（2）：24–29.

［32］Koji Iriyama,Taiichiro Ishida.Ralation between luminance distribution of surround visual field and contrast threshold［C］.Proceedings of Annual Conference of the Illuminating Engineering Institute of Japan,2002（35）：138.

［33］郝洛西,杨公侠.关于购物环境视觉诱目性的主观评价研究［J］.同济大学学报（自然科学版）,1998（5）：585–589.

［34］肖俊宏.景观照明中色光偏好定量化方法研究［D］.天津：天津大学,2008.

［35］杨春宇,陈仲林,黄彦.建筑立面泛光照明亮度主观量因素评价研究［J］.照明工程学报,2005（2）：15–17,21.

［36］诺思拉普..NET Framework 应用程序开发［M］.黄艳,柴小伟,刘彦博,译.北京：清华大学出版社,2012.

［37］李润明,吴晓明.图解 Origin 8.0 科技绘图及数据分析［M］.北京：人民邮电出版社,2009.

［38］林大植,吴辛甲,陈遐举.中间视觉光谱光效率函数的测量［J］.计量学报,1988（2）：81–87.

［39］陈仲林,等.在道路照明条件下中间视觉问题研究［C］.// 中国建筑学会建筑物理分会.绿色建筑与建筑物理——第九届全国建筑物理学术会议论文集（一）.南京：中国建筑学会建筑物理分会,2004：278–280.

［40］章海骢.照明科学的新进展——眼睛的非视觉效应［J］.照明工程学报,2006（3）：1–3.

［41］胡英奎,翁季,李毅,等.道路照明条件下驾驶员瞳孔大小变化规律［J］.重庆大学学报,2010(8):85-90,102.

［42］李毅.基于光生物效应的道路照明安全研究［D］.重庆:重庆大学,2009.

［43］刘瑛,叶秀兰,练苹,等.临床瞳孔检查新进展［J］.国际眼科,2004(6):1077-1080.

［44］徐蔚.基于瞳孔收缩的非视觉感光系统的研究［D］.上海:复旦大学,2011.

［45］张青文,胡英奎,翁季,等.道路和隧道照明视觉功效测量系统的研制及应用［J］.灯与照明,2012(4):9-13.

［46］殷颖.隧道入口段亮度计算方法研究［D］.重庆:重庆大学,2008.

［47］潘海龙,周雒维,罗全明,等.LED 隧道照明智能控制系统［J］.测控技术,2011(8):49-52.

［48］黄珂.道路照明测量方法［D］.重庆:重庆大学,2006.

［49］CEN.CR 14380-2003 Lighting Applications-Tunnel Lighting[R].European Committee for Standardization, 2003.

［50］CIE Publication. NO.26. International Recommendations foe Tunnel Lighting. 1973.

［51］CIE Technical Report. 61-1984. Tunnel Entrance Lighting: A Survey of Fundamentals for Determing the Luminance in the Threshold Zone, 1984.

［52］CIE Technical Report. 88-1990. Guide for the Lighting of Road Tunnels and Underpasses, 1990.

［53］CIE Technical Report. 88-2004. Guide for the Lighting of Road Tunnels and Underpasses, 2004.

［54］Eloholma M, Halonen L. Performance based model for mesopic photometry. MOVE Project Report, 2005.

［55］Hamm M.Untersuchung der spektralen schwellenempfindlichkeit und der Reizverarbeitungszeiten im menschlichen Auge.Darmstaedter Dissersation. Januar, 1997.

［56］De Valois R L, Abramov I, Kacobs G H. Anaysis of response patterns of LGN Cells[J]. Journal of the Opitcal Society of America, 1996,56(7): 966-977.

［57］Hurden A, Moorhead I, Ward P, et al. A Model for visual Performance at Mesopic Light Levels-Phase 2, Final report and Recommendations[M]. Cambridge: Scientific Generics Limited, 2002.

［58］Thomos D, Visual Perception Lecture. London: City University, 2001.

［59］CIE Publication No.41: Light as a true visual quantity: principles of measurement: 1978.

［60］Yunjian He, Mark Rea, Andrew Bierman and John Bullough. Evaluating Light Source Efficacy Under Mesopic Conditions Using Reaction Times[R]. Lighting Research

Center, Rensselaer Polytechnic Institute, Troy, NY 12180.

[61] ANSI/IESNA. RP–8–00. American National Standard Practice for Roadway Lighting [R].

[62] He Y, Evaluating Light source Efficacy Under Mesopic Conditions Using Reaction Times[J]. Journal of the Illuminating Engineering society, 1997,26: 125–138.

[63] Anstis S. Adaptation to Peripheral flicker[J]. Vision Reserch, 1996,36(21): 3479–3485.

[64] Antony Hurden, Dr Ian Moorhead, Dr Patrick Ward, Dr Julie Taylor. A model for visual performance at mesopic light levels[J]. Scientific Generics Limited. June, 2002.

[65] Yunjian He, Mark Rea, Andrew Bierman and John Bullough. Evaluating Light Source Efficacy Under Mesopic Conditions Using Reaction Times[R]. Lighting Research Center, Rensselaer Polytechnic Institute, Troy, NY 12180.

[66] Sam M. Berman, Robert D. Clear. Past vision can Support a Novel Human Photoreceptor[R]. 2005 International Lighting Conference "Lighting in the 21 Century" Proceedings Leon Spain, 2005.

[67] Yamamoto, J. Kobayashi, S. , Nagasawa T. Ito, H. Visibility and color–rendering properties of light sources in tunnel lighting[C]. CIE–2007. PO 430.

[68] MOVE. Performance based model for mesopic photometry[R]. Helsinki universituy of technology. Lighting Laboratory.

[69] The IESNA Lighting Handbook, Reference & Applications. Illuminating Engineering Society of North America , 2000.

[70] Fundamentals of the visual task of night driving. Publication No100. CIE. 1992.

[71] Adrian W K .Adaptation Luminance when approaching a tunnel in daytime[J]. Lighting Res Technol.1987. 73–79.

[72] H. Richard Blackwell. Contrast Thresholds of the Human Eye[J]. Journal of the Optical Society of America , 1946(36) : 624–643.

[73] Merle E. Kech, FIES. A New Visibility Criteria For Roadway Lighting[J]. Journal of the Illuminating Engineering Society. Winter , 2001(30) : 84–89.

[74] Box P C. Relationship Between lllumination and Freeway Accidents[J]. llluminating Engineering , 1971(66) : 105.

[75] Adrian W. Visibility of target: Model for calculation[J]. Lighting Res. Technol , 1989(21) : 181–188.

[76] Journal of the Illuminating Engineering Society[R]. 1998.

[77] Genesis Automation and Light lab International. Report on Energy Saving Opportunities in Street Lighting for Sustainable Energy Authority[R]. June, 1999.

[78] A.Stockman and L.T. Sharpe: The spectral sensitivity of the middle-and long-wavelength-sensitive cones derived from measurements in ovservers of known genotype[J]. Vision Research, 2000(4): 1711–1737.

[79] Stockman A,Sharpe L T, Fach C C. The spectral sensitivity of the human short-wavelength cones[J]. Vision Research, 1999(39): 2901–2907.

[80] Ian Lewin, PH. D, FIES, LC. Lamp Color Visibility in Outdoor Lighting Design[R]. Developed from a Paper Delivered to the 1999 Conference of the Institution of Lighting Engineers. Portsmouth. England.

[81] Yunjian He, Mark Rea, Andrew Bierman and John Bullough. Evaluating Light Source Efficacy Under Mesopic Conditions Using Reaction Times[R]. Lighting Research Center, Rensselaer Polytechnic Institute, 1997(26): 125–138.

[82] Antony Hurden, Dr Ian Moorhead, Dr Patrick Ward, Dr Julie Taylor. A model for visual performance at mesopic light levels[J]. Scientific Generics Limited. June, 2002.

[83] Adrian W. Pupil Size and Wavelength of Light of Equivalent Luminance. Tagungsbericht Internationale Farbtagung COLOR 69. Stockholm, 1969.

[84] Wall M, Kutzko K E, Chauhan B C. The Relationship of Visual Threshold and Reaction Time to Visual Field Eccentrictiy with Conventional Automated Perimetry[J]. Vision Research, 2002, 42(6): 781–787.

[85] Wooten BR, Fuld K, Spillmann L. Photopic Spectral Sensitivity of the Peripheral Retina[J]. Journal of the Optical Society of America, 1975,65(3): 334–342.

[86] Davson H. Physiology of the eye[M]. Great Britain:Churchill Livingstone, 1980.

[87] Adrian W K. Adaptation luminance when approching a tunnel in daytime[J]. Lighting Research & technology, 1987,19(3): 73–79.

[88] Adrian W.Investigations on the required luminance in tunnel entrances[J]. Lighting Research & technology, 1982,14(3): 151–159.

[89] Narisada K, Yoshikawa K, Yoshimura Y. Adaptation luminance of driver's eye approaching a tunnel entrance in daytime[C] //Kyoto: CIE 19th Session, 1979.

[90] Augdal A. Equivalent veiling luminance: Different mathematical approach to calculation[J]. Lighting Rerearch & Technology, 1990,23(1): 91–93.

[91] Blaser P, Dudli H. Tunnel lighting:Method of calculating luminance of access zone L20[J]. Lighting Rerearch & Technology, 1993: 25(1), 25–30.

[92] Bourdy C, Chiron A, Cottin C, et al. Visibility at a tunnel entrance: effect of temporal adaptation[J]. Lighting Research & Technology, 1978,19(2): 35–44.

[93] Japanese Standards Association. JIS Z 9116–1990 Light of Tunnels for Motorized Traffic[S]. Japanese Standards Association, 1991.

［94］Japan Highway Public Corporation. Recommendations for the lighting of Vehicular Traffic Tunnels (Patial Translation) [S]. Japan Highway Public Corporation, 1966.

［95］杨韬. 隧道照明反射增量系数研究 [D]. 重庆:重庆大学,2008.

［96］BSI. Code of Practice for the Design of Road Lighting – Part2: Lighting of Tunnels[S]. London. UK, 2008.

［97］陈仲林,孙春红. 公路隧道照明设计研究. 灯与照明,2007(2):32–35,52.

［98］刘英婴. 用反应时间研究道路照明光源的相对光效 [D]. 重庆:重庆大学,2006.

［99］Pokorny J, Smith V C.How much light reaches the retina?[M]. Colour Vision Deficiencies, Dordrecht: Kluwer Academic Publishers, 1997.